Katrin Barth • Angela Maak

Deutsch mit dem ganzen Körper

60 Bewegungsspiele für alle Bereiche des Deutschunterrichts

Verlag an der Ruhr

Impressum

Titel
Deutsch mit dem ganzen Körper
60 Bewegungsspiele für alle Bereiche des Deutschunterrichts

Autorinnen
Katrin Barth, Angela Maak

Umschlagmotive
Norbert Höveler

Illustrationen im Innenteil
alle Illustrationen: Norbert Höveler; außer: Icon Klemmbrett (Anhang), Tastatur (S. 35): © Verlag an der Ruhr; Gebärdenzeichen (S. 26, 86): Magnus Siemens

Druck
Livonia Print SIA, Riga, LV

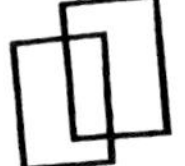

Verlag an der Ruhr
Mülheim an der Ruhr
www.verlagruhr.de

Geeignet für die Klassen 1–4

ISBN 978-3-8346-0481-1

Inhaltsverzeichnis

Inhaltsverzeichnis

Geschichten in Bewegung

Gespräche in Bewegung

Anhang

Vorwort

Kinder haben die Gewohnheit, sich durch Sprache und Bewegungen auszudrücken und mitzuteilen. Traditionell wurde aber in der Schule meistens im Sitzen gelernt. Wissenschaftliche Studien belegen allerdings, dass es sinnvoll ist, kognitives Lernen auch mit Bewegung zu verbinden, um das Aufnehmen, Verstehen und Behalten von Inhalten zu unterstützen. Dies erschließt sich, wenn Sie sich einige Beispiele für Gehirnleistungen in dieser Tabelle anschauen. In der linken Hirnhälfte werden vor allem analytische Prozesse verarbeitet, zu denen das Sprechen und Spracheverarbeiten gehört. In der rechten Hirnhälfte finden kreative Prozesse statt, zu denen auch alle Bewegungsaktivitäten gehören.

Wenn nun kognitive Funktionen beider Hirnhälften miteinander vernetzt werden – also in unserem Fall Sprache und Bewegung –, bleiben Lerninhalte länger im Gedächtnis, da sich stabilere Nervenverknüpfungen im Gehirn bilden.

Linke Hirnhälfte analytisch	**Rechte Hirnhälfte** kreativ
◆ **Sprechen und Sprache verarbeiten** ◆ Rechtschreib- und Grammatikphänomene ◆ Begriffe lernen ◆ Schlüsse ziehen ◆ Analysieren ◆ Regeln erkennen ◆ Modellieren	◆ **Bewegen** ◆ Bilder verarbeiten ◆ Emotionen ◆ Sinnlichkeit ◆ Intuitionen ◆ Synthetisieren ◆ Assoziieren ◆ Inspiration ◆ Behalten/Auswendig lernen

Bewegung führt zu einer Verbesserung der Informationsverarbeitung beim Lernen. Die Verknüpfung von Bewegung und Lernen sollte sich allerdings nicht nur auf Fächer wie Sport und Musik beschränken:
Im Fach Deutsch lernen die Kinder Buchstaben und Wörter kennen, sie lernen Lesen und Schreiben und beginnen, Sprache zu untersuchen. Dabei müssen die Kinder zunächst auf flachem Papier lernen, Zeichen zu unterscheiden. Um sich in dem zweidimensionalen System unserer Schrift zurechtzufinden, sollten sie daher auch ausreichende Erfahrungen

Vorwort

mit dem dreidimensionalen Raum machen. So lassen sich auch im Deutschunterricht die verschiedensten Unterrichtsinhalte spielerisch und sinnvoll direkt mit Bewegung verknüpfen – nicht nur im Anfangsunterricht, sondern in allen Klassenstufen.

Wir unterscheiden:

Bewegungspausen sind kleine Unterbrechungen des Unterrichts, in denen die Kinder angeleitete Bewegungsspiele durchführen. Die Bewegungspause steht dabei nicht im direkten Zusammenhang mit dem Lerngegenstand der Stunde.

Lernbegleitende Aktivitäten sind Unterrichtsformen, bei denen der Lerninhalt über zeitgleich stattfindende Bewegungsaktivitäten vermittelt wird. In diesem Fall setzen sich die Schüler mit dem Lerngegenstand auseinander, während sie sich bewegen.

Lernerschließende Aktivitäten sind Unterrichtsformen, bei denen der Lerninhalt unmittelbar über das Medium der Bewegung vermittelt wird. Die Bewegung steht in diesem Fall im direkten Bezug zum Lerngegenstand, sodass dieser durch die Bewegung erschlossen wird.

Die Freude an der Bewegung erhöht schließlich auch die Motivation. Lernspiele zwischendurch sorgen für Auflockerung und Entspannung. Bietet Schule insgesamt den Bewegungsaktivitäten der Kinder viel Raum und setzt damit konsequent ein Lernen mit allen Sinnen um, führt das zu einer **Kultur des bewegten Lernens**.

Rollenspiele, Klanggeschichten, Tanz und Musik

Ein sehr wichtiges Kriterium beim bewegten Lernen im Deutschunterricht ist die Berücksichtigung der emotionalen Seite des Lernens. Sie leisten in der Grundschule einen wichtigen Beitrag zur Gesamtentwicklung des Kindes, wenn Sie seine **emotionalen, sozialen, kognitiven und sprachlichen Fähigkeiten** gleichermaßen fördern.

Vorwort

Der Deutschunterricht trägt diesen Ansprüchen Rechnung, wenn er **Bewegungen, Theater, Tanz, Musik** und **rhythmische Übungen** mit einbezieht. Bewegung heißt oft, auch Mimik, Gestik und die übrige Körpersprache zu trainieren. Kinder singen gern – und durch Singen oder rhythmische Begleitung lernen sie komplexe Zusammenhänge schneller. Für rhythmische Zwecke eignet sich alles, was klappert oder klingt, z.B. Bleistifte, Klangstäbe oder einfach die Hände zum Klatschen und Klopfen. Musik ist eng mit Tanz verbunden. Bewegungsspiele zum Erlernen des Abc können dieses Element aufgreifen und nutzen.

Unterschiedliche Lerntypen

Durch einen methoden- und variantenreichen Unterricht erreichen Sie, dass jedes Kind die Möglichkeit hat, seinem persönlichen „Lerntyp" gerecht zu werden. Denn bei den meisten Menschen findet das Lernen schwerpunktmäßig über einen bestimmten „Kanal" statt.

Der **auditive Lerntyp** kann am besten gehörte Informationen aufnehmen, sie behalten und später wiedergeben. Er kann mündlichen Erklärungen gut folgen und sie verarbeiten.
Lernhilfen: Gespräche, Vorträge, Musik, ruhige Umgebung.

Der **visuelle Lerntyp** lernt am leichtesten durch das Lesen von Informationen und das Beobachten von Handlungsabläufen.
Er merkt sich Inhalte besser, wenn diese visuell veranschaulicht werden.
Lernhilfen: Bücher, Skizzen, Bilder, Poster, Videos.

Der **kommunikative Lerntyp** lernt am besten durch Gespräche und die sprachliche Auseinandersetzung mit dem Lernstoff.
Er muss Erklärungen mit anderen diskutieren.
Lernhilfen: Dialoge, Diskussionen, Lerngruppen, Spiele.

Der **motorische Lerntyp** führt Handlungsabläufe am liebsten selber durch und kann sie so leichter nachvollziehen.
Durch „Learning by Doing" sammelt er eigenständige Erfahrungen.
Lernhilfen: Bewegungs- und Gruppenaktivitäten, Rollenspiele.

Vorwort

Trainingszirkel im Team

Eine effektive Möglichkeit, die Übungen in den Förderunterricht einzubauen, ist der folgende Trainingszirkel. Zu Beginn erhalten alle Schüler eine Farbkarte, die für den ganzen Trainingszirkel gleich bleibt. Jeder Lehrer* bereitet sich auf eine Übungsstunde vor, die ebenfalls gleich bleibt.

Übungsstunde 1
Gruppe 1: rot – Übung A
Gruppe 2: gelb – Übung B
Gruppe 3: grün – Übung C
Gruppe 4: blau – Übung D

Übungsstunde 2
Gruppe 1: rot – Übung D
Gruppe 2: gelb – Übung A
Gruppe 3: grün – Übung B
Gruppe 4: blau – Übung C …

Auf diese Weise rotieren Sie die Übungsgruppen durch. Nach 4 Unterrichtsstunden haben alle Kinder ohne großen Aufwand für das Team eine Vielzahl an Bewegungsübungen durchlaufen.

Methoden für alle Fächer

Die hier vorgestellten Bewegungsübungen lassen sich in den meisten Fällen auch auf andere Inhaltsbereiche und Schulfächer ausdehnen. Sie erfahren also nicht nur, wie Sie Deutsch mit dem ganzen Körper unterrichten können, sondern lernen vielfältige Methoden kennen, mit denen Sie universell auch andere Inhalte, z.B. aus dem Sachunterricht, transportieren können. Für einen bewegten Mathematikunterricht ist aus dieser Reihe erhältlich:

Und nun wünschen wir Ihnen viel Freude und Erfolg im bewegten Deutschunterricht.

Katrin Barth und Angela Maak

* *Aus Gründen der besseren Lesbarkeit haben wir in diesem Buch durchgehend die männliche Form verwendet. Natürlich sind damit auch immer Frauen und Mädchen gemeint, also Lehrerinnen, Schülerinnen etc.*

Bewegungsspiele zur
Buchstabeneinführung

Buchstabenverse

Thema:
Buchstaben-einführung, Feinmotorik, Verse sprechen

Klassenstufe:
1. Schuljahr

Ort:
Klassenraum

Sozialform:
ganze Klasse

Zeit:
5 Minuten

Material:
Buchstaben-verse
(s. S. 84)

So geht es

Legen Sie sich einen geeigneten Bewegungsreim zurecht, z.B. *„Der alte Affe Adam“, „Greta Gans gackert und gackert und gackert“, „Hoppelhase Hans hüpft hin und her“*. Tragen Sie diesen möglichst frei und lustig vor. Zeigen Sie dabei die entsprechenden Bewegungen, die den Inhalt körpersprachlich unterstützen.
Die Kinder sprechen erst den Vers ohne Bewegungen nach. Üben Sie die Überkreuzbewegungen separat, bevor es losgeht (s. Kopiervorlage S. 84).

Differenzierung

Kinder der Klasse 3 erfinden geeignete Verse zu den Buchstaben.
Dann bekommen sie einen Partner aus Klasse 1 und setzen den Vers gemeinsam um.

Buchstabenrallye

Das bereiten Sie vor

Wenn Sie in der Klasse oder draußen spielen, müssen Sie nichts vorbereiten. Für die Turnhalle benötigen Sie Anlautbilder oder Buchstabenkarten.

So geht es

Rufen Sie einen Buchstaben in die Klasse.
Die Kinder haben nun die Aufgabe, sich schnell zu einem Gegenstand zu bewegen, der mit diesem Buchstaben beginnt (und diesen evtl. hochzuheben).

Variante

Spielen Sie dieses Spiel in der Turnhalle, indem Sie Anlautbilder auslegen. Sie können auch Buchstabenkarten auslegen und Wörter in die Klasse rufen, die die Kinder zuordnen müssen, indem sie schnell zu dem entsprechenden Anlautkärtchen laufen.

Differenzierung

Jedes Kind erhält eine Buchstabenkarte. Rufen Sie ein Wort in die Klasse. Das Kind, welches die Karte mit dem Anfangsbuchstaben des Wortes besitzt, hebt die Karte hoch.
Schwächere Schüler erhalten dabei häufig vorkommende Buchstaben, stärkere Kinder seltenere Buchstaben.

Thema:
Anlaute zuordnen

Klassenstufe:
1. Schuljahr

Ort:
überall

Sozialform:
Einzelarbeit

Zeit:
5–10 Minuten

Material:
optional Anlautbilder und Buchstabenkarten

Buchstabenlauf

Thema:
Laut-Buchstaben-Zuordnung

Klassenstufe:
1./2. Schuljahr

Ort:
Turnhalle/Schulhof/Flur

Sozialform:
Kleingruppen

Zeit:
10 Minuten

Material:
Pappkarten (15 x 15 cm) mit allen Druckbuchstaben. Häufiger vorkommende Buchstaben (A, E, I, L, N, O, R, S, T, U) sollten mehrfach vorhanden sein.

Das bereiten Sie vor

Laminieren Sie die Karten, um sie auch für andere Spiele zur Verfügung zu haben. Teilen Sie in der Turnhalle oder auf dem Schulhof einen Bereich für das Spiel ab. Legen Sie die Buchstabenkarten zufällig verteilt, mit der Buchstabenseite nach oben, in dem vorgegebenen Feld aus.

So geht es

Teilen Sie die Klasse in Kleingruppen auf, und geben Sie jeder Gruppe ein anderes Wort mit gleicher Buchstabenanzahl vor (z.B. *Fisch, Katze* und *Apfel*).
Auf Ihren Zuruf hin müssen alle Gruppen die Buchstabenkarten in der richtigen Reihenfolge ablaufen. Die Mitglieder jeder Gruppe laufen dabei in einer Schlange hintereinander her. Alle Gruppen laufen entweder gleichzeitig oder nacheinander – je nachdem, wie viele Kinder und Karten Sie haben.

Variante

Alle Kleingruppen müssen gleichzeitig die Buchstabenkärtchen ihres vorgegebenen Wortes suchen, aufsammeln und richtig zusammenlegen. Die schnellste Gruppe ist Sieger. Dazu müssen für alle vorgegebenen Wörter die Buchstaben vorhanden sein.

Differenzierung

Je nach Altersstufe oder Lernstand der Schüler kann auch eine Bildkarte statt eines mündlichen Ausrufs vorgegeben werden.

Blinde Buchstabenkuh

So geht es

Jeweils ein Schüler schreibt seinem Partner mit dem Finger einen beliebigen Buchstaben auf den Rücken. Der Partner muss ihn erraten, indem er ihn über die Haut erfühlt (haptisches Lernen).

Alternativ kann die Aufgabe auch darin bestehen, Buchstaben in die Luft schreiben zu lassen (optisches Lernen).

Wahlweise können Sie die Kinder auch Ziffern oder kurze Wörter schreiben lassen (auf den Rücken oder in die Luft).

Variante

Bilden Sie mehrere Ketten von 4–6 Schülern. Das letzte Kind der Schlange schreibt dem Vordermann einen Buchstaben auf den Rücken. Dieser gibt ihn haptisch weiter. Kommt der richtige Buchstabe auch beim ersten Kind an? Sie können auch einen Wettlauf von mehreren Schülerketten veranstalten. Welche Gruppe gibt den richtigen (!) Buchstaben am schnellsten bis zum ersten Kind weiter?

Differenzierung

Für schwächere Schüler werden 3 Buchstaben vorgegeben. Das schreibende Kind sucht sich einen davon aus, ohne diesen zu benennen. Das „fühlende" Kind versucht, den geschriebenen Buchstaben auf seinem Rücken zu erkennen und aus den vorgegebenen 3 zu benennen.

Für stärkere Schüler schreibt ein Kind seinem Partner ein ganzes Wort auf den Rücken, welches dann erkannt werden muss.

Thema:
Buchstaben mit verschiedenen Sinnen erfassen

Klassenstufe:
1. Schuljahr

Ort:
Klassenraum

Sozialform:
Partnerarbeit

Zeit:
5–10 Minuten

Material:
optional Holz- oder Knetbuchstaben

Wo ist der Laut?

So geht es

Schreiben Sie den Laut, den die Schüler üben sollen (z.B. **sch**), groß an die Tafel. Vereinbaren Sie Bewegungen, die der Position des Lautes im Wort entsprechen (Anfang, Mitte oder Ende).

Schaukel (Anfang)	–	Hände an den Kopf
Wä**sch**e (Mitte)	–	Hände an den Bauch
Fi**sch** (Ende)	–	Hände an die Knie

Nennen Sie Wörter, in denen diese Laute an unterschiedlichen Stellen vorkommen, oder halten Sie eine entsprechende Bildkarte hoch. Die Kinder zeigen, entsprechend den vorher vereinbarten Regeln, die Position an ihrem Körper und machen so deutlich, wo sie den Laut hören.

Variante

In der Turnhalle können Sie die Kinder auch richtig ins Schwitzen bringen, indem Sie für die 3 Kategorien (Laut am Anfang, in der Mitte und am Ende) das linke Tor, den Mittelkreis und das rechte Tor als Ziel ausgeben.

Differenzierung

Mehrere Zweiergruppen arbeiten selbstständig an unterschiedlichen Lauten, indem sie sich gegenseitig Wörter nennen, die sie den Bildkarten entnehmen. Die Partner zeigen wieder die Position des Lautes an. Leistungsstärkere Schüler sollten auch selbstständig Wörter finden und dem Partner vorgeben.

Thema:
Hörverständnis, Laute innerhalb eines Wortes zuordnen

Klassenstufe:
1. Schuljahr

Ort:
Klassenraum/ Turnhalle

Sozialform:
Einzelarbeit

Zeit:
5 – 10 Minuten

Material:
optional Bildkarten von Objekten, deren Laute geübt werden sollen

Buchstaben nachlaufen

Das bereiten Sie vor

Legen Sie Seile bereit und eventuell die Buchstabenkarten, die die zu legenden Buchstaben angeben.

So geht es

Die Kinder legen mit einem oder mehreren Seilen einen Druckbuchstaben auf den Boden. Jedes Kind geht nun den Buchstaben entsprechend der Schreibrichtung ab.

Variante

Die Kinder könnten verschiedene Buchstaben nacheinander ablaufen. Geben Sie ihnen kurze Wörter vor, die mit mehreren Seilen ausgelegt werden können.

Differenzierung

Stärkere Kinder legen den Buchstaben und unterstützen schwächere Kinder beim Einhalten der Schreibrichtung. Die Buchstabenkarten dienen als Erinnerungshilfe für die Form des Buchstabens.

Thema:
Schreibweise und Schreibrichtung der Buchstaben verinnerlichen

Klassenstufe:
1. Schuljahr

Ort:
Klassenraum/Flur/Turnhalle

Sozialform:
Einzelarbeit/Kleingruppenarbeit

Zeit:
5 Minuten

Material:
Seile, optional Buchstabenkarten

Knetbuchstaben

Thema:
Schreibweise und Schreibrichtung der Buchstaben verinnerlichen

Klassenstufe:
1. Schuljahr

Ort:
Klassenraum

Sozialform:
Einzelarbeit

Zeit:
5 – 10 Minuten

Material:
Knetmasse, Unterlage; optional Steckwürfel

Das bereiten Sie vor

Legen Sie für jedes Kind Knetmasse und eine entsprechende Unterlage zurecht.

So geht es

Lassen Sie die Kinder Buchstaben aus Knetmasse formen. Machen Sie entweder bestimmte Vorgaben, oder lassen Sie sie frei experimentieren. Wer kann schon seinen Namen kneten?
Die Kinder tun sich zu Zweiergruppen zusammen. Einer knetet einen Buchstaben, der Partner muss ihn nennen (optional mit geschlossenen Augen ertasten).

Variante

Die Schüler setzen Buchstaben mit Steckwürfeln oder Plättchen zusammen. Um die richtige Schreibrichtung zu üben, soll der Ansatz des Buchstabens einen roten Steckwürfel bekommen. Alle anderen Steckwürfel sind blau.

Fühlbuchstaben

So geht es

Mehrere Kinder (z.B. 5) sitzen in einer Reihe, Seite an Seite, mit dem Blick in eine Richtung. Ein weiteres Kind denkt sich ein Wort mit 5 Buchstaben aus und schreibt jedem der Kinder in der Reihe einen Buchstaben des Wortes auf den Rücken. Zusammen tauschen sie sich nun aus und versuchen, das Wort zu erraten, das sich in der entsprechenden Reihenfolge ergibt. Wenn das schreibende Kind Schwierigkeiten hat, sich ein Wort auszudenken, geben Sie ihm eines auf einem Zettel vor, sodass die „fühlenden" Kinder es nicht sehen.

Variante

Möchte das schreibende Kind es ganz schwierig machen, darf es auch die Buchstaben vertauschen, sodass die fühlenden Kinder das Wort noch richtig zusammensetzen müssen.

Thema:
Verinnerlichen der Buchstabenform durch Fühlen

Klassenstufe:
1./2. Schuljahr

Ort:
Klassenraum

Sozialform:
Gruppenarbeit

Zeit:
5 Minuten

Material:
optional Wortkarten/ Buchstabenkarten

Team-Buchstaben

Thema:
Verinnerlichen der Buchstabenform durch körperliche Darstellung

Klassenstufe:
1./2. Schuljahr

Ort:
Flur/Turnhalle

Sozialform:
Gruppenarbeit

Zeit:
10–15 Minuten

Material:
optional Buchstabenkarten

So geht es

Die Kinder bilden Kleingruppen von 2–7 Kindern. Sie versuchen nun gemeinsam, mit ihren Körpern einen einzelnen Buchstaben auf dem Boden zu formen. Dazu sprechen sich die Kinder zunächst ab, wer welchen Buchstabenteil übernimmt. Dann legen sich alle Kinder entsprechend der Buchstabenform auf den Boden. Können die anderen Kinder diesen Buchstaben auch problemlos erkennen?

Variante

Welche Gruppe schafft es, mit möglichst wenigen oder möglichst vielen Kindern einen vorgegebenen Buchstaben zu legen?
Schaffen es auch mehrere Kleingruppen, zusammen ein kurzes Wort auf dem Boden zu formen?

Differenzierung

Den Kindern stehen als Vorlage Buchstabenkarten zur Verfügung, anhand derer sie den Buchstaben legen können.

Buchstabensalat

Das bereiten Sie vor

Jedes Kind erhält ein Buchstabenschild, das es sich umhängt. Bereiten Sie eine Liste mit Wörtern vor, die die Kinder durch Zusammenschluss der vorhandenen Buchstabenkarten bilden können.

So geht es

Sie geben ein Wort vor, z.B. *OMA*. Die Kinder, die ein O, ein M und ein A auf ihrem Schild haben, kommen nach vorn und stellen sich in der richtigen Reihenfolge vor die Klasse. Alle anderen kontrollieren. Wenn sich die Kinder nah zueinanderstellen, wird aus den Buchstaben das Wort *OMA* und kann gelesen werden.

Variante

In der Turnhalle können Sie die Kinder kreuz und quer durch einen Teil der Halle laufen lassen, bis Sie ein Wort rufen. Dann finden sich die Kinder mit den entsprechenden Buchstaben schnell zusammen und sortieren sich.

Differenzierung

Geben Sie je nach Leistungsstand der Kinder längere und schwierigere Wörter vor.

Thema:
Buchstaben zu Wörtern synthetisieren

Klassenstufe:
1. Schuljahr

Ort:
Klassenraum/ Turnhalle/ Schulhof

Sozialform:
ganze Klasse

Zeit:
5 Minuten

Material:
DIN-A4-Blätter mit einzelnen Buchstaben, Druckbuchstaben-Karten zum Umhängen

Bewegtes Abc

Thema:
Alphabet, Gedächtnis-training

Klassenstufe:
1./2. Schuljahr

Ort:
Turnhalle/ Schulhof

Sozialform:
Einzelarbeit

Zeit:
10–20 Minuten

Material:
große Anlaut-bilder-Karten

Das bereiten Sie vor

Es ist nicht leicht, eine abstrakte Reihenfolge von Buchstaben zu behalten. Legt man sich aber anhand konkreter Bilder im Kopf eine bestimmte Reihenfolge ab, so ist diese Bilderfolge schon nach kurzer Zeit wieder abrufbar – vorwärts, rückwärts und auch ab einem beliebigen Punkt.
Legen Sie in der Turnhalle kreuz und quer Anlautbilder zum Abc aus.

So geht es

Lassen Sie die Schüler diese Bilder zunächst einmal komplett in der richtigen Reihenfolge ablaufen. Anschließend rufen Sie nach und nach verschiedene Buchstaben in die Halle. Die Kinder sollen nun ab diesem Buchstaben das Alphabet bis zum Ende ablaufen.

Variante

Wenn die Kinder den Anlautparcours oft genug konkret abgelaufen sind, gehen sie ihn regelmäßig auch mit geschlossenen Augen im Geiste ab, z.B. *Auto, Bus, Computer, Dach, Erde …*

Differenzierung

Lassen Sie starke Kinder das Alphabet oder kleine Teile davon auch rückwärts ablaufen.

Körper-Abc

Das bereiten Sie vor

Wählen Sie für sich zu jedem Buchstaben einen Körperteil oder alternativ eine Bewegungsart aus und notieren ihn (für L kommt z.B. *Lippen* und *laufen* in Frage).

So geht es

Sprechen Sie mit Ihren Kindern langsam und rhythmisch das Abc und berühren dazu den entsprechenden Körperteil, oder führen Sie eine entsprechende Bewegung aus (s. Vorlage S. 85). Vielleicht entwickeln Sie gemeinsam einen Buchstaben-Rap mit passenden Bewegungen. Wenn Sie zu einem Buchstaben überhaupt keinen Körperteil und keine Bewegung finden, nehmen Sie einen Gegenstand oder eine Tätigkeit. Für das X könnten Sie z.B. *Xylofon spielen* verwenden.

Variante

Die Kinder suchen selbst geeignete Körperteile und Bewegungen.

Differenzierung

Wenn die Kinder das Abc können, starten Sie nicht bei A, sondern an einer anderen Stelle. Haben die Schüler das Körper-Abc schon verinnerlicht, können sie schnell den nächsten Buchstaben finden.

Thema:
das Alphabet verinnerlichen, Gedächtnistraining, Körperteile

Klassenstufe:
1./2. Schuljahr

Ort:
Klassenraum

Sozialform:
ganze Klasse

Zeit:
5 Minuten

Material:
Körper-Abc (s. S. 85)

Buchstaben-Memo

Thema:
Groß- und Kleinbuchstaben einander zuordnen

Klassenstufe:
1./2. Schuljahr

Ort:
Turnhalle/ Schulhof

Sozialform:
Kleingruppen/ ganze Klasse

Zeit:
15–20 Minuten

Material:
2 Sätze Pappkarten (15 x 15 cm) mit Druckbuchstaben, je einen Satz Großbuchstaben und einen Satz entsprechender Kleinbuchstaben

Das bereiten Sie vor

Mischen Sie die Buchstabenkarten, und verteilen Sie sie, mit dem Aufdruck nach unten, in einem abgesteckten Feld. Bilden Sie 4 gleich große Gruppen, die sich außerhalb des Feldes aufstellen.

So geht es

Dieses Memo-Spiel ist sehr dynamisch, weil alle Gruppen gleichzeitig und nicht in Runden agieren. Jeweils ein Kind aus jeder Gruppe läuft los und wendet 2 Karten, während die anderen das Feld genau beobachten. Passen die Karten nicht zusammen, werden sie wieder verdeckt, das Kind begibt sich wieder zu seiner Gruppe, und das nächste Kind darf loslaufen.
Findet ein Schüler ein Buchstabenpaar (z.B. A, a), darf er die Karten aufheben und damit zu seiner Mannschaft zurücklaufen.
Das Spiel ist beendet, wenn alle Buchstabenpaare gefunden sind.
Sieger ist die Gruppe, die am Schluss die meisten Paare gesammelt hat.

Variante

Wenn Ihnen das Spiel zu unübersichtlich wird, können Sie es natürlich auch in Runden spielen lassen. Dann ist immer nur ein Kind im Feld. Allerdings kommen dann weniger Kinder gleichzeitig in Bewegung.

Differenzierung

Spielen Sie bei schwächeren Kindern das Spiel auch mit offen ausgelegten Buchstaben.

Abc–Rap

So geht es

In Anlehnung an das Rappen lernen die Kinder hier das Abc als rhythmischen Sprechgesang kennen, zu dem sie beliebige Bewegungen wie Klopfen oder Stampfen durchführen. Die Betonung (z.B. Stampfen) liegt auf dem Buchstaben sowie der ersten Silbe des Namens.

Beispiel: Namenrap
A wie Aisha, B wie Benni,
C wie Ceynep und D wie Dean,
E wie Emil, F wie Finn,
G wie Gelja und H wie Hendrik,
I wie Indra, J wie Jens,
K wie Kevin und L wie Lars,
M wie Martin, N wie Nils,
O wie Otto, P wie Paul,
Q wie Quentin, R wie Resul,
S wie Susi, T wie Tom,
U wie Ulli, V wie Veit,
W wie Willi, X wie Xaver,
Y dann wie Yvonne und
zum Abschluss Z wie Zoe.

Setzen Sie, wo immer es möglich ist, die echten Namen der Kinder ein.

Variante

Im Anhang finden Sie einen passenden Tier-Rap (s. S. 88).

Thema:
Alphabet verinnerlichen

Klassenstufe:
1./2. Schuljahr

Ort:
Klassenraum

Sozialform:
ganze Klasse

Zeit:
10 Minuten

Material:
optional Tier-Rap (s. S. 88)

Fingersprache

Thema:
Buchstaben und Wörter in eine Zeichensprache umsetzen

Klassenstufe:
2.–4. Schuljahr

Ort:
Klassenraum

Sozialform:
Einzelarbeit/ Partnerarbeit

Zeit:
täglich 10 Minuten

Material:
Handzeichenalphabet (s. S. 86), Wörterbücher

Das bereiten Sie vor

Üben Sie mit den Kindern im Vorfeld das Handzeichenalphabet (s. S. 86) ein. Dazu vergrößern Sie die Kopiervorlage und hängen sie im Klassenraum auf. Beim offenen Anfang oder bei einem täglichen Zehnminutentraining üben die Kinder das Alphabet so lange ein, bis es ihnen geläufig ist.

So geht es

Wenn die Schüler das Fingeralphabet verinnerlicht haben, beginnen Sie mit einem speziellen Rechtschreib-Training, das Sie täglich 10 Minuten in Ihren Unterricht einbauen können. Dazu bilden die Kinder Paare.
Ein Kind liest aus dem Wörterbuch ein Wort vor.
Der Partner muss dieses Wort in Fingersprache richtig „schreiben".

Differenzierung

Jüngere Schüler zeigen nur den Anlaut in Fingersprache, oder sie zeigen anfangs nicht das ganze Wort, sondern nur die darin vorkommenden Vokale.

Vokal-Lautzeichen

Thema:
phonologische Bewusstheit, Lautzeichen richtig zuordnen

Klassenstufe:
1.–3. Schuljahr

Ort:
Klassenraum

Sozialform:
Einzelarbeit/ Partnerarbeit/ Fördergruppen/ Freiarbeit

Zeit:
5 –10 Minuten

Material:
selbstgemachte Fotos der Lautzeichen (A, E, I, O, U), Klassensatz Handspiegel, Lautzeichen (s. S. 87)

Das bereiten Sie vor

Erarbeiten Sie mit den Kindern die Lautzeichen der Vokale. Dazu geben Sie jedem Kind einen Handspiegel. Die Kinder beobachten zunächst ihre eigene Mundstellung bei der Aussprache der Vokale. Beobachten Sie die Schüler genau, und korrigieren Sie gegebenenfalls. Fotografieren Sie dann exemplarische Mundstellungen zu jedem Vokal. Beispiele dazu finden Sie im Anhang, S. 87. Vervielfältigen und laminieren Sie die Fotos mehrmals, und stellen Sie die Fotos als Freiarbeitsmaterial zur Verfügung.

So geht es

Wenn den Schülern die Laute und die passenden Fotos geläufig sind, startet das eigentliche Training, das Sie auch täglich einige Minuten in Ihren Unterricht einbauen können. Dazu bilden die Kinder Paare. Ein Kind liest aus dem Wörterbuch oder einem Text ein Wort vor. Der Partner muss dieses Wort langsam nachsprechen und die richtigen Lautzeichen-Fotos während des Sprechens hochhalten (nur für die Vokale).

Differenzierung

Berücksichtigen Sie lange und kurze Vokale, indem die Lautkarten bei der Aussprache kurz oder lange hochgehalten werden. Sie können auch unter die Fotos einen Punkt für einen kurzen Vokal und einen Strich für einen langen Vokal zeichnen.
Beispiel: Wenn ein Kind das Wort *Hase* ausspricht, hält es zunächst lange das A-Foto mit dem Strich und danach kurz das E-Foto mit dem Punkt hoch.

Bewegungsspiele zum Rechtschreiben

Reimwörter-Ballspiel

Thema:
Reimwörter finden

Klassenstufe:
2.–4. Schuljahr

Ort:
Klassenraum/ Turnhalle

Sozialform:
ganze Klasse

Zeit:
5 Minuten

Material:
optional Reimwörter (s. S. 88), Softball

Das bereiten Sie vor

Für das Ballspiel stellen Sie einen Stuhlkreis auf und legen einen Softball zurecht. Möchten Sie in der Turnhalle spielen, legen Sie sich Wortkarten oder Bilder für Reimwörter zurecht. (Beispiele im Anhang, S. 88)

So geht es

Die Kinder sitzen im Stuhlkreis. Ein Kind sagt z.B. *Kanne* und wirft den Ball einem anderen Kind zu. Dieses muss ein entsprechendes Reimwort finden, z.B. *Tanne*.

Variante

Sie können in der Turnhalle große Wortkarten oder Bilder auslegen.
Sie nennen ein Wort, und die Schüler laufen zu dem entsprechenden Reimwort. Auch im Stuhlkreis können Sie die Wortkarten nutzen, indem Sie sie in der Mitte auslegen.

Differenzierung

Leistungsstärkere Kinder stellen die Wortkarten mit Hilfe eines Reimwörterbuches selbst her.

Schleichdiktat

Das bereiten Sie vor

Bereiten Sie einen Diktat- oder Lernwörtertext vor, den die Kinder üben sollen. Hängen Sie ihn zerschnitten Satz für Satz im Klassenraum auf.

So geht es

Die Kinder gehen zu einem Abschnitt und merken sich diesen Satz. Dann gehen sie zurück zu ihrem Platz und schreiben den Sinnabschnitt in ihr Heft. Nun gehen sie zum nächsten Satz und merken sich den nächsten Sinnabschnitt, gehen zurück zu ihrem Platz und schreiben den Abschnitt auf. Dies wird so lange wiederholt, bis die Kinder den gesamten Text geschrieben haben.

Variante

Legen Sie den gesamten Diktattext mehrmals an unterschiedlichen Stellen aus. Die Schüler gehen zu diesen Texten, merken sich einen Sinnabschnitt und schreiben das Diktat chronologisch in ihr Heft.
Verraten Sie nicht die Reihenfolge der Sinnabschnitte, müssen die Kinder den Text anschließend noch sinngemäß zusammensetzen. So integrieren Sie in die Übung noch eine texterschließende Methode.

Thema:
Merkfähigkeit verbessern, Rechtschreibstrategien üben

Klassenstufe:
1.–4. Schuljahr

Ort:
Klassenraum

Sozialform:
Einzelarbeit

Zeit:
10 Minuten

Material:
beliebiger Diktat- oder Lernwörtertext

Reimwörterrallye

Thema:
Reimwörter erkennen

Klassenstufe:
2.–4. Schuljahr

Ort:
Klassenraum/ Flur/Turnhalle

Sozialform:
ganze Klasse

Zeit:
10 Minuten

Material:
Reimwörter (s. S. 88), optional leise Musik

Das bereiten Sie vor

Jedes Kind erhält eine Karte mit einem Reimwort.

So geht es

Die Kinder bewegen sich kreuz und quer durch die Klasse. Begegnen sich zwei Kinder, flüstern sie sich gegenseitig ihr Wort ins Ohr. Auf diese Weise finden sie irgendwann ihren Partner, der das entsprechende Reimwort auf seiner Karte hat. Zusammengefundene Partner setzen sich hin und beobachten die anderen Kinder bei der Suche.

Varianten

- Es könnten sich auch mehrere Wörter oder ganze Gedichtzeilen reimen.
- Wählen Sie die Reimwörter so aus, dass sich Dreier- oder Vierergruppen zusammenfinden.

Differenzierung

Je nach Leistungsstand und Alter der Kinder stellen Sie zur Verfügung:

- Bildkarten mit Reimwörtern,
- Wortkarten mit Reimwörtern,
- Reime als kleine Sätze.

Blind schreiben

So geht es

Ein Kind legt seine Hand bzw. den Arm locker und entspannt auf den Tisch.
Der Partner führt nun dessen Hand oder den ganzen Arm und schreibt mit der Hand oder dem Finger seines Partners einen Buchstaben auf den Tisch. In der Regel schließt das erste Kind die Augen und versucht, nur über das Gefühl den Buchstaben zu erkennen und zu benennen.

Varianten

- Das Kind hält einen Stift in der Hand, während der Partner seine Hand führt. Dadurch ändert sich das Gefühl des Schreibens.
- Das schreibende Kind nennt seinem Partner ein Wort und schließt dann die Augen. Der Partner versucht nun, mit der Hand des ersten Kindes dieses Wort zu schreiben.

Differenzierung

Leistungsstarke Kinder können auch ganze Sätze blind schreiben.

Thema:
Buchstaben nur durch Fühlen erkennen

Klassenstufe:
1./2. Schuljahr

Ort:
Klassenraum

Sozialform:
Partnerarbeit

Zeit:
5 Minuten

Material:
Papier und Stift

Gegensätze finden

Thema:
gegensätzliche Adjektive verinnerlichen

Klassenstufe:
2./3. Schuljahr

Ort:
Klassenraum/ Flur

Sozialform:
ganze Klasse

Zeit:
5 Minuten

Material:
Softball, optional Adjektive – Gegensätze (s. S. 89)

So geht es

Alle Kinder stehen im Kreis, eines hat den Ball. Das Kind mit dem Ball sagt ein Adjektiv, z.B. *dick,* und wirft einem anderen Kind den Ball zu. Dieses muss nun das gegenteilige Adjektiv *(dünn)* nennen und den Ball weiterwerfen. Das Kind, das jetzt den Ball bekommt, nennt ein neues Adjektiv und wirft den Ball zu einem anderen Kind weiter, das nun wieder das gegenteilige Adjektiv nennen muss.

Variante

Diese Übung lässt sich nicht nur mit Gegensätzen durchführen. Es gibt vielfältige andere Übungsmöglichkeiten: Das erste Kind nennt ein Adjektiv, das die nächsten beiden Kinder dann steigern müssen.
Ein Kind nennt ein Verb, die anderen beiden Kinder ordnen diesem Verb eine andere Verbform zu:
z.B. *rennen, du rennst, ich bin gerannt.*

Differenzierung

Als Hilfe für schwächere Schüler liegen Wortkarten mit entsprechenden Adjektiven im Kreis auf der Erde. Bevor das Spiel startet, erstellen die Schüler eine Wörterliste mit Gegensatzpaaren.

PC-Tastatur-Rallye

Das bereiten Sie vor

Legen Sie die Buchstabenkarten in der Turnhalle so aus, dass sie wie auf der PC-Tastatur angeordnet liegen.

So geht es

Ein Kind liest ein Wort aus dem Wörterbuch vor. Sein Partner muss nun auf die entsprechenden Buchstaben hüpfen oder sie berühren. Das Kind mit dem Wörterbuch kontrolliert die richtige Rechtschreibung.
Auf diese Weise können Sie die Kinder auf das Schreiben mit dem PC vorbereiten.
Um alle Kinder in Bewegung zu bringen, lassen Sie die Kinder in einer langen Schlange über die „Tastatur" laufen, oder legen Sie mehrere Sätze Buchstabenkarten aus.

Thema:
Wörter in Buchstaben zerlegen und richtig schreiben

Klassenstufe:
1.–3. Schuljahr

Ort:
Turnhalle

Sozialform:
Partnerarbeit

Zeit:
15 Minuten

Material:
einen Satz Druckbuchstaben-Karten (15 x 15 cm) mit Umlauten

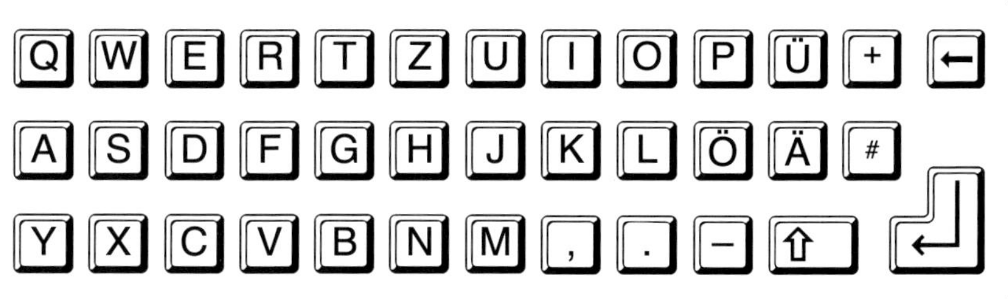

Wäscheleinenspiel

Thema:
Wörter zu einem Oberthema sammeln

Klassenstufe:
2.–4. Schuljahr

Ort:
Klassenraum

Sozialform:
Einzelarbeit/ Partnerarbeit/ Gruppenarbeit

Zeit:
10 Minuten

Material:
Wäscheleine oder Pinnwand, Klammern, Blankokarten

Das bereiten Sie vor

Legen Sie ausreichend Blanko-Kärtchen der Größe DIN A5 bereit.

Sie brauchen eine Wäscheleine, an die Sie die Wortkarten aufhängen können. Alternativ reicht auch eine Pinnwand oder eine große Pappe.

So geht es

Die Kinder schreiben auf die Karten Wörter nach vorgegebenen Regeln und hängen sie an die Wäscheleine:

Beispiele:
Klasse 2: Wörter, die mit *sch* anfangen.
Klasse 3: Verben, die mit *a* anfangen.
Klasse 4: Verben mit der Vorsilbe *ver-* oder Wörter mit der Endsilbe *-heit*.

Machen Sie daraus ein Wettspiel in 2 Gruppen. Welche Gruppe hat in 5 Minuten die meisten verschiedenen Wörter zu einem bestimmten Kriterium gefunden und aufgehängt?

Variante

Die Kinder stellen sich selber Aufgaben und kommunizieren über die Wäscheleine. Ein Kind schreibt z.B. auf die Karte: *ein Adjektiv, das mit S anfängt* oder *ein Tier mit 6 Buchstaben*. Die Karte wird an die Leine gehängt. Ein anderes Kind nimmt die Karte von der Leine ab und löst die Aufgabe direkt unter der Frage. Anschließend hängt dieses Kind eine neue Aufgabe an die Leine.

Silbenwettlauf

Das bereiten Sie vor

Legen Sie 2 kleine Parcours aus je ca. 10 unbeschrifteten Pappkarten aus. Die erste Karte ist der Start, die letzte Karte ist das Ziel. Legen Sie Bild- oder Wortkarten bereit.

So geht es

2 Kinder stellen sich nebeneinander auf ihre jeweilige Startkarte. Beide halten mehrere Wörterkarten in der Hand. Immer abwechselnd liest ein Kind dem anderen ein Wort vor. Der Partner spricht das Wort nach und klatscht dabei die Silben. Werden die Silben richtig geklatscht, darf das Kind entsprechend der Silbenanzahl auf den Pappkarten vorangehen. Hat ein Kind falsch geklatscht, muss es einen Schritt zurück.
Wer zuerst auf der Zielkarte ankommt, ist der Sieger.

Varianten

- Die Karten liegen offen zwischen den Parcours aus. Jedes Kind darf sich daraus selbst eine Karte aussuchen, um in einem Zug möglichst weit zu kommen.
- Ein Kind klatscht 2- bis 5-mal in die Hände. Der Partner wählt aus den offen liegenden Karten eine passende aus und geht bei richtiger Wahl die entsprechende Anzahl an Schritten vor.
- Die Kinder überlegen sich die Wörter selbst. Ein Kind klatscht eine Silbenzahl. Der Partner sucht dazu einen passenden Gegenstand in der Klasse.

Thema:
Wörter in Silben segmentieren

Klassenstufe:
1./2. Schuljahr

Ort:
Klassenraum/ Flur/Schulhof

Sozialform:
Partnerarbeit (z.B. in der Freiarbeit)

Zeit:
10 – 15 Minuten

Material:
ca. 20 Pappkarten, Wortkarten oder Bildkarten

Satzzeichen-Spiel

Thema:
Gefühl für Sätze und Satzzeichen entwickeln

Klassenstufe:
1./2. Schuljahr

Ort:
Klassenraum

Sozialform:
ganze Klasse

Zeit:
5 Minuten

Material:
beliebige Vorlesetexte mit unterschiedlichen Satzarten

Das bereiten Sie vor

Legen Sie sich einen geeigneten Text zurecht, der Aussagesätze, Ausrufesätze und Fragesätze enthält.

So geht es

Die Kinder stehen hinter ihrem Stuhl. Sie lesen die Geschichte oder die Einzelsätze langsam vor. Ist ein Satz zu Ende, müssen die Schüler das richtige Satzzeichen simulieren. Für einen Punkt setzen sie sich kurz hin, für ein Ausrufezeichen stampfen sie mit dem Fuß auf, und für eine Frage zucken sie mit den Schultern.

Variante

Üben Sie auf die gleiche Weise auch die wörtliche Rede. Den Doppelpunkt stellen die Kinder dar, indem sie die rechte Hand, dann die linke Hand nach vorne boxen, Anführungsstriche unten simulieren sie, indem sie in die Hocke gehen und beide Hände auf den Boden legen. Entsprechend werden für die Anführungsstriche oben die Hände im Stehen hinter die Ohren gelegt.

Differenzierung

Wenn diese Übung eingeführt ist, können die Kinder auch in Kleingruppen mit unterschiedlich schwierigen Texten üben.

Luftschrift erraten

Das bereiten Sie vor

Legen Sie einheitliche Bewegungen für die Buchstaben fest.

So geht es

Ein Kind schreibt einen Buchstaben in die Luft. Dabei steht es mit dem Rücken zur Klasse, damit das Wort nicht spiegelverkehrt erscheint. Die ratenden Kinder machen eine vorher vereinbarte Bewegung passend zum Buchstaben. Wenn sie z.B. ein E sehen, machen sie einen Elefantenrüssel nach.

Varianten

- Das erste Kind macht lediglich die Bewegung vor (z.B. Elefantenrüssel), und die anderen Kinder schreiben den entsprechenden Buchstaben in die Luft – also das E.
- Anstelle von Buchstaben kann das Kind auch Wörter in die Luft schreiben. Bei Verben müssen die Kinder die entsprechende Tätigkeit andeuten. Nomen versuchen sie, pantomimisch darzustellen.

Thema:
Schreibweise von Buchstaben verinnerlichen

Klassenstufe:
1. Schuljahr

Ort:
Klassenraum

Sozialform:
ganze Klasse

Zeit:
5 – 10 Minuten

Material:
Bewegungsvorschläge zu Buchstaben (s. S. 89)

Silbenrallye

Thema:
Silben zu Wörtern zusammensetzen

Klassenstufe:
2. Schuljahr

Ort:
Flur/Schulhof/Turnhalle

Sozialform:
Mannschaftsspiel

Zeit:
15 Minuten

Material:
Silbenkarten aus Pappe (zerschnitten aus Wörtern)

Das bereiten Sie vor

Bereiten Sie eine Liste aus ca. 30 – 40 Wörtern vor, die die Kinder kennen. Schreiben Sie diese Wörter, in Silben segmentiert, auf große Pappstreifen. Zerschneiden Sie die Pappstreifen in einzelne Silbenkarten, und verteilen Sie sie auf dem Schulhof oder im Flur. Legen Sie einen Sammelplatz für die Wörter fest.

So geht es

Die Kinder laufen nun los und suchen Silben, die zusammengesetzt ein Wort ergeben. Haben sie ein Wort gefunden, so bringen sie es an den Sammelplatz. Nun machen sie sich erneut auf die Suche nach einem weiteren Wort.

Variante

Das Spiel kann auch als Wettspiel in Gruppen gegeneinandergespielt werden. Welche Gruppe findet innerhalb von 5 Minuten die meisten Wörter?

Differenzierung

Machen Sie je nach Leistungsstand der Kinder Vorgaben, aus wie vielen Silben das Wort bestehen soll. Gibt es bestimmte Silben, die häufiger verwendet werden als andere? Welche sind das?

Bewegungsspiele zur **Grammatik**

Verben in Bewegung

Thema:
konjugierte Verben mit dem passenden Pronomen verbinden

Klassenstufe:
2./3. Schuljahr

Ort:
Klassenraum/ Flur

Sozialform:
ganze Klasse

Zeit:
10–15 Minuten

Material:
Seilchen oder Kreppband, je 3–4 Wortkarten mit Personalpronomen und Infinitiven; pro Kind ein kleines Kärtchen mit einer Verbform (s. Beschreibung)

Das bereiten Sie vor

Trennen sie mit Hilfe der Seilchen oder mit Kreppband ein 3 x 3-Feld bzw. 4 x 4-Feld ab. Legen Sie an jede Zeile eine Karte mit einem Personalpronomen und an jede Spalte eine Karte mit einem Verb. Stellen Sie (für ein 3 x 3-Feld, bei 18 Kindern in der Klasse) 2 x 9 Kärtchen mit der folgenden Aufschrift her: *gehe, geht, gehen, lege, legt, legen, male, malt, malen.* Passen Sie die Anzahl der Kärtchen einfach Ihrer Klassengröße an, sodass jedes Kind ein Kärtchen erhält.

Beispiel:

+	gehen	legen	malen
ich			
er			
wir			

So geht es

Geben Sie jedem Kind eine Karte mit einer der konjugierten Verbformen. Alle Kinder müssen sich nun innerhalb von 30 Sekunden für einen Platz im Feld entscheiden – und zwar in der Zeile, in der das passende Personalpronomen steht. Führen Sie das Spiel mehrmals durch. Nach jedem Durchgang werden die Kärtchen unter den Kindern getauscht.

Das Kind mit dem Wort *male* steht z.B. richtig im Feld rechts oben. Die Felder sollten so groß sein, dass auch 2 oder mehr Kinder in ein Kästchen passen.

Verben in Bewegung

Variante

Anstelle der Personalpronomen können Sie auch Vorsilben *(ge-, ver-, zer-)* einsetzen, die zu einer bestimmten Verbendung passen.

Differenzierung

Anstatt der Präsensformen können Sie auch Verbformen in der Vergangenheit einsetzen.

Wörterschlange

Das bereiten Sie vor

Sie können diese Übung im Gesprächskreis zunächst vom Ablauf her einüben.

Thema:
grammatisch richtige Sätze bilden und behalten

Klassenstufe:
3./4. Schuljahr

Ort:
Klassenraum

Sozialform:
Kleingruppe (etwa 10 Kinder)

Zeit:
15 Minuten pro Durchgang

So geht es

Die Schülergruppe steht im Kreis. Ein Kind tritt vor und sagt ein Wort, z.B. *ich* oder *gestern*. Es wählt einen anderen Schüler, der das nächste Wort ergänzt, z.B. *war*. Es fasst diesen Schüler nun an der Hand. Dieser wählt nun einen dritten Schüler, der ein drittes Wort hinzufügt – grammatikalisch passend natürlich –, sodass zum Schluss eine Schülerkette dasteht.

Gleichzeitig entsteht ein langer Satz. Die Gesamtgruppe achtet auf grammatisch richtige Zusammensetzung der Wörter und auf einen sinnvollen Inhalt. Jetzt wiederholen die Kinder den Satz noch einmal, wobei jedes Kind sich hinsetzt, das sein Wort gesagt hat. Danach wiederholen die Schüler den Satz ein weiteres Mal, wobei sich jeder wieder hinstellt.

Die Übung wird so lange fortgesetzt, bis alle Kinder mindestens einmal beteiligt waren. Schaffen es die Kinder, einen Satz mit der ganzen Gruppe zu bilden?

Variante

Bilden Sie 2 Gruppen zu etwa 10 Kindern. Wenn die Kinder die Sätze gebildet haben, stellen sich die Gruppen gegenseitig ihre Sätze vor und schreiben diese eventuell aus dem Gedächtnis auf.

Wörterschlange

Differenzierung

Stellen Sie für schwächere Schüler Wortkarten mit Satzanfängen und Verben etc. zur Verfügung.

Steigern Sie den Schwierigkeitsgrad, indem Sie den Kindern eine genaue Anzahl an Wörtern vorgeben, die der fertige, sinnvolle (!) Satz haben soll.

... lese ...

... gerne ...

... Tintenherz!

Wortartenrätsel

Thema:
Nomen, Verben und Adjektive unterscheiden

Klassenstufe:
2./3. Schuljahr

Ort:
Klassenraum/ Turnhalle

Sozialform:
ganze Klasse

Zeit:
15 Minuten

Material:
optional Seilchen oder Reifen, Orff-Instrumente

Das bereiten Sie vor

Ordnen Sie jeder Wortart eine Bewegung zu, z.B.:

	Klassenraum	**Turnhalle**
Nomen	Überkreuzbewegung mit den Armen	über das Seilchen (Reifen) balancieren.
Verben	hüpfen	seilspringen, durch den Reifen kriechen
Adjektive	einmal um sich selbst drehen	mit dem Seil eine Form legen, Reifen rollen

So geht es

Nennen Sie ein Wort aus einer der 3 Wortarten. Die Kinder führen die zugehörige Bewegung aus. Dieses Spiel ermöglicht eine gute Kontrolle über den Kenntnisstand der Kinder.

Variante

Den einzelnen Wortarten wird jeweils ein Orff-Instrument zugeordnet. Die Kinder erhalten dann eines von je 3 unterschiedlichen Instrumenten (z.B. Klangstäbe für Nomen, Triangel für Adjektiv und Schellen für Verb). Wenn Sie ein Wort sagen, darf nur das Instrument spielen, das zu der richtigen Wortart gehört.

Differenzierung

Ergänzen Sie die 3 Grundwortarten durch Pronomen, Artikel oder andere Wortarten.

Wortarten-Würfelspiel

Das bereiten Sie vor

Sie benötigen Wortkarten mit Nomen und Verben. Ordnen Sie den Würfelbildern 1 bis 6 eine Tätigkeit zu, z.B.:

	Verben	Nomen
1	auf einem Bein stehen	etwas aus Holz anfassen
2	hüpfen	ein Buch anfassen
3	Arme nach links und rechts strecken	ein anderes Kind am Fuß berühren
4	eine liegende Acht malen	etwas anfassen, das dir gehört
5	mit dem rechten Arm kreisen	etwas Rotes anfassen
6	mit dem linken Arm kreisen	etwas Weiches mit dem Daumen berühren

So geht es

Decken Sie eine Wortkarte auf. Würfeln Sie so, dass alle das Ergebnis sehen. Dann sollen die Kinder die richtige Bewegung ausführen.

Variante

Die Kinder sollen die Gegenstände anfassen und dabei das zugehörige Nomen mit Begleiter sprechen bzw. das Verb mit einem passenden Pronomen konjugieren.

Thema: die Wortarten Nomen und Verb verinnerlichen

Klassenstufe: 3./4. Schuljahr

Ort: Klassenraum

Sozialform: Großgruppe

Zeit: 15 Minuten

Material: großer Schaumstoff-würfel, Wortkarten

Eigenschafts-Spiel

Thema:
Dinge Oberbegriffen zuordnen

Klassenstufe:
1.–4. Schuljahr

Ort:
Klassenraum/Schulhof

Sozialform:
Großgruppe

Zeit:
10 Minuten

Material:
CD-Player für den Klassenraum

So geht es

Sagen Sie: *„Wenn die Musik ausgeht, fasst du etwas aus Papier an."*

Die Kinder bewegen sich frei im Raum und können sich umsehen. Wenn Sie die Musik ausschalten, erledigen sie die Aufgabe und sagen z.B.: *„Das Heft ist aus Papier."* Notieren Sie an der Tafel unter dem Oberbegriff *Papier* (oder dem jeweiligen anderen Oberbegriff) alles, was die Kinder gesagt haben.

Wenn Sie das Spiel draußen umsetzen, bewegen sich die Kinder im Kreis. Auf ein Zeichen hin holen sie etwas aus Holz, aus Stein, ein Spielzeug etc. – je nachdem, welchen Oberbegriff Sie genannt haben.

Variante

Diese Methode lässt sich sehr gut variieren: Alternative Anweisungen könnten z.B. folgendermaßen aussehen:

„Wenn die Musik ausgeht,

- *berührst du mit dem linken Zeigefinger ..."*
- *stellt ihr euch alle zusammen auf wie ein A."*

Differenzierung

Leistungsschwächeren Schüler nennen Sie die Aufgabe, bevor eine neue Runde beginnt. So können die Kinder schon während der Bewegung überlegen, was sie berühren oder holen könnten.

Nomen zusammenbauen

Das bereiten Sie vor

Jedes Kind bekommt eine Wortkarte mit einem Nomen. Zum Aufschreiben der zusammengesetzten Nomen benötigen sie ein farbiges Plakat und einige dicke Marker oder Tafel und Kreide.

So geht es

Die Kinder bewegen sich frei im Raum. Begegnen sich zwei Kinder, flüstern sie sich gegenseitig ihr Nomen ins Ohr. Wenn sie aus den zwei Wörtern ein zusammengesetztes Nomen bilden können, gehen sie gemeinsam zur Tafel oder zum Plakat und schreiben dieses auf. Danach mischen sich die Kinder wieder in die Menge. Vielleicht finden sie ja noch ein weiteres Kind, das ein Nomen hat, mit dem sie ihres kombinieren können.

Variante

Ein sehr anspruchsvolles Spiel ist die „Nomenkette“. Alle Kinder stehen im Kreis. Ein Kind hat einen Tennisball in der Hand. Es nennt ein Nomen, z.B. *Haus*, und wirft den Ball zu einem anderen Kind. Dieses fängt den Ball und bildet ein zusammengesetztes Nomen, z.B. *Haustür*. Das nächste Kind, das den Ball fängt, bildet wieder ein zusammengesetztes Nomen mit dem letzten Teil des vorausgegangenen Wortes, z.B. *Türschloss*. Dabei müssen die Kinder darauf achten, nur vollwertige Nomen zu verwenden, die auch für sich alleine stehen können. Es dürfen aber Fugenelemente oder Flexionsendungen eingebaut werden. Aus *Schiff* darf z.B. *Schiffskoch* werden und aus *Kind Kindergarten*.
Wie viele Ballwechsel schaffen die Kinder, bis ihnen nichts mehr einfällt?

Thema:
zusammengesetzte Nomen

Klassenstufe:
4. Schuljahr

Ort:
Klassenraum

Sozialform:
Gruppenarbeit

Zeit:
20 Minuten

Material:
zusammengesetzte Nomen, (s. S. 90), Plakat

Wörter-Familientreffen

Das bereiten Sie vor

Beschriften Sie Wortkarten mit den Wörtern der Anlage „Wortfamilien", S. 91, oder mit eigenen Beispielen. Sie brauchen für jedes Kind eine Karte.

Thema:
Wortfamilien kennenlernen

Klassenstufe:
2./3. Schuljahr

Ort:
Klassenraum/ Flur/Turnhalle

Sozialform:
ganze Klasse

Zeit:
15–20 Minuten

Material:
Wortfamilien (s. S. 91), vorbereitete Wortkarten, evtl. Musik

So geht es

Die vorbereiteten Wortkarten werden an die Kinder verteilt. Alle Kinder bewegen sich zu leiser Musik im Raum und zeigen sich gegenseitig die Karten, ohne zu sprechen, oder flüstern sich ihre Wörter ins Ohr. Wenn sich zwei Kinder mit Wörtern der gleichen Wortfamilie treffen, gehen sie Hand in Hand auf die Suche nach weiteren „Familienmitgliedern". Setzt die Musik aus, setzen sich alle „Familien" schnell zusammen auf den Boden.

Variante

Machen Sie aus der Idee ein Wettspiel. Arrangieren Sie die Karten so, dass immer 4 Wörter der gleichen Wortfamilie im Umlauf sind. Die Kinder arbeiten nun auf Zeit, denn die ersten 4 Kinder, die sich innerhalb einer Wortfamilie gefunden haben, rufen ein vorher vereinbartes Signal und setzen sich hin. Diese Gruppe ist der Sieger dieses Durchgangs.

Wörter-Memo

Das bereiten Sie vor

Legen Sie Wortkarten mit dem zu übenden Phänomen auf dem Boden im Klassenraum oder auf dem Flur mit der bedruckten Seite nach unten aus.

So geht es

Spielen Sie ein Wörter-Memo: Jeder Mitspieler darf zwei Karten aufdecken (z.B. *Blume* und *Vase*). Kann er aus diesen Wörtern ein zusammengesetztes Nomen bilden und richtig aufschreiben (Partnerkontrolle mit Wörterbuch), darf er die Karten behalten.

Varianten

- Verwenden Sie nun zusätzlich zu den Wortkarten noch die Silbenkarten. Auf den Karten stehen nun also sowohl Wortstämme als auch Vor- und Nachsilben. Die Wörter sollen nun auch mit den Silben kombiniert werden können, so z.B. bei *Krank-* und *-heit*. Wer ein Wort zusammensetzen kann und die Groß- und Kleinschreibung richtig anwendet, bekommt einen Punkt. Die Karten bleiben im Spiel.
- 2 Schülergruppen treten gegeneinander an, wobei die gesamte Gruppe gemeinsam versucht, entsprechende Wörter zu bilden.

Thema:
Kombinieren von Wortstämmen

Klassenstufe:
2./3. Schuljahr

Ort:
Flur/Turnhalle

Sozialform:
Partnerarbeit/ Gruppenarbeit

Zeit:
10 – 15 Minuten

Material:
große Wortkarten mit Wortstämmen oder Nomen (s. S. 90/91), Variante: Silbenkarten mit Endungen für Nomen und Adjektive (s. S. 92)

Wortarten-Stadt-Land-Fluss

Das bereiten Sie vor

Legen Sie die 3 Hula-Hoop-Reifen in den Mittelkreis, und legen Sie je eine Wortart für eine Farbe fest, z.B. Nomen: rot, Verben: blau und Adjektive: gelb.

Thema:
schnelles Zuordnen von Wörtern zu Wortarten

Klassenstufe:
2.–3. Schuljahr

Ort:
Turnhalle

Sozialform:
Gruppenarbeit (eventuell als Wettspiel)

Zeit:
20–30 Minuten

Material:
Filzstifte, Blankopapier, 3 Hula-Hoop-Reifen in verschiedenen Farben

So geht es

Diese rasante Übung lehnt sich an das bekannte Spiel „Stadt, Land, Fluss" an. Alle Kinder sitzen in einem großen Kreis um die Reifen herum. Alle Kinder sollten den gleichen Abstand zu den Reifen haben. Jedes Kind hat ein Blatt Papier im Querformat und einen Filzstift vor sich. Rufen Sie einen Buchstaben in die Halle, z.B. das H.

Jetzt müssen die Kinder versuchen, möglichst schnell ein Wort mit diesem Buchstaben zu finden – jeder entscheidet sich entweder für ein Nomen, ein Adjektiv oder ein Verb. Haben die Kinder es groß aufgeschrieben, rennen sie zu dem entsprechenden Reifen und besetzen ihn. Die 3 ersten Kinder, die in den 3 richtigen (!) Reifen sitzen und ihr Wort korrekt geschrieben haben, bekommen Punkte:
für ein Nomen 2 Punkte, für ein Verb 3 Punkte,
für ein Adjektiv 4 Punkte.
Spielen Sie 10–15 Runden. Entweder jedes Kind zählt seine Punkte, oder Sie schreiben die Punkte auf.

Wortarten-Stadt-Land-Fluss

Varianten

- Legen Sie pro Wortart 2 oder 3 Reifen aus, damit 6 bzw. 9 Kinder die Gelegenheit haben, Punkte zu sammeln. Sie könnten einen Punkteschlüssel verteilen, damit schnellere Kinder belohnt werden.

  1. Adjektiv: 10 Punkte; 2. Adjektiv: 5 Punkte
  1. Verb: 8 Punkte; 2. Verb: 4 Punkte
  1. Nomen: 6 Punkte; 2. Nomen: 3 Punkte

- Damit nicht immer nur die gleichen Kinder drankommen, könnten die Kinder, die bereits Punkte gesammelt haben, ausscheiden.

Satzbauspiel

Thema:
Satzteile erkennen, Sätze bilden und umstellen

Klassenstufe:
3./4. Schuljahr

Ort:
Klassenraum

Sozialform:
Gruppenarbeit

Zeit:
15 – 20 Minuten

Material:
Satzteilkarten zu Sätzen

Das bereiten Sie vor

Erstellen Sie Satzteilkarten, indem Sie einzelne Sätze in ihre Bestandteile (Subjekt, Prädikat, Objekt) zerlegen und auf 3 Karten verteilen. Versuchen Sie nach Möglichkeit, Satzteile mit mehreren Kombinationsmöglichkeiten zu finden. Stellen Sie nach diesen Beispielen für jedes Kind eine Karte her:

1. Karte: Mein Hund (S)
2. Karte: schläft oft (P)
3. Karte: im Bett. (O)

1. Karte: Meine Mama (S)
2. Karte: liest gerne (P)
3. Karte: auf dem Sofa. (O)

Verteilen Sie die Satzteilkarten an die Kinder, sodass jedes Kind einen Satzteil hat.

So geht es

Die Kinder bewegen sich mit den Karten kreuz und quer durch den Raum. Begegnen sich zwei Kinder, flüstern sie sich ihren Satzteil ins Ohr oder zeigen sich gegenseitig ihre Karten. Auf diese Weise finden sich dann Gruppen von 2 oder 3 Kindern, deren Satzteile zusammen einen Satz ergeben. Haben sich Kinder zu einem Satz zusammengefunden, können sie die Position der Satzteile variieren, indem sie sich umstellen.

Satzbauspiel

In der nächsten Runde sollen die Kinder versuchen, neue Partner für ihre Satzteile zu finden. Dabei ergeben sich spannende Reflexionsfragen:

- Auf welche Weise kann man Satzteile kombinieren?
- Welche Zusammenstellungen sind nicht möglich?
- Welche Satzteile braucht man unbedingt für einen richtigen Satz?
- Auf welche Satzteile kann man verzichten?

Differenzierung

Für schwächere Kinder können Sie einen passenden Satz auf der Rückseite ihrer Satzteilkarte aufschreiben.

Steigerungsspiel

Thema: Adjektive richtig steigern

Klassenstufe: 3. Schuljahr

Ort: Klassenraum/ Treppenhaus

Sozialform: Gruppenarbeit

Zeit: 10 Minuten

Material: eventuell ein Xylofon

So geht es

Rufen Sie ein Adjektiv in die Klasse, und lassen Sie es von den Kindern steigern und pantomimisch begleiten. Bei *lang, länger, am längsten* recken die Schüler ihre Arme; bei *klein, kleiner, am kleinsten* gehen die Kinder in die Hocke; bei *schnell, schneller, am schnellsten* laufen die Kinder auf der Stelle.
Gehen Sie anschließend in das Treppenhaus, üben Sie dort mit beliebigen Adjektiven, und lassen Sie die Schüler pro Steigerungsstufe eine Treppenstufe höher steigen. Wenn sie es mögen, können die Kinder die gesteigerten Formen mit jeder Stufe immer einen Ton heller aussprechen.

Variante

Rufen Sie die Grundform, die Steigerungsform oder die Höchstform eines Adjektivs in die Klasse.
Die Schüler stellen sich entsprechend auf den Stuhl oder auf den Tisch. Bei der Grundform bleiben sie auf dem Boden stehen. Ähnliche Lösungen finden sich in der Turnhalle.

Differenzierung

Schwächere Schüler lassen Sie möglichst lange Bewegungen zu konkreten Adjektiven machen.

Leistungsstärkere üben mit einer Liste an Adjektiven im Treppenhaus.

Eisenbahnspiel

Das bereiten Sie vor

Bereiten Sie Wortstammkarten und genauso viele dazu passende Vorsilbenkarten vor (s. S. 92). Geben Sie jedem Kind eine Karte.

So geht es

Die Kinder laufen kreuz und quer durch den Raum. Auf Ihr akustisches Signal hin suchen sich die „Wortstamm-Kinder“ eine passende „Vorsilben-Lokomotive“. Wenn sich also zwei Kinder gefunden haben, greift das Kind mit dem Wortstamm dem Kind mit der Vorsilbe an die Schultern, und sie bewegen sich gemeinsam als „Lok“ durch den Raum. Auf ein weiteres Signal beginnt das Spiel von vorn.

Variante

Konzipieren Sie die Wortkarten so, dass sich zu jeder Vorsilbe mehrere Wortstämme finden lassen. So kann ein richtig langer Zug entstehen.

Differenzierung

Für schwächere Kinder stehen auf der Rückseite der Wortkarten die möglichen Vorsilben.

Thema:
Vorsilben erkennen, Wörter mit einer Vorsilbe verändern

Klassenstufe:
2.–4. Schuljahr

Ort:
Klassenraum/ Flur

Sozialform:
Gruppenarbeit

Zeit:
5–10 Minuten

Material:
selbst erstellte Wortkarten aus Wortstämmen und Vorsilben; siehe dazu Anhang: Vorsilben, S. 92

Satzglieder betonen

Thema:
Satzglieder, Bedeutungs-erschließung durch Betonung

Klassenstufe:
3./4. Schuljahr

Ort:
Klassenraum/ Flur

Sozialform:
Einzelarbeit/ Partnerarbeit

Zeit:
10 – 15 Minuten

Material:
Satzglieder betonen (s. S. 90)

Das bereiten Sie vor

Schreiben Sie einen Satz an die Tafel, oder stellen Sie Karteikarten mit geeigneten Sätzen her, z.B. „Meine Mutter kocht heute Spagetti mit Soße".

So geht es

Die Kinder schreiben den Satz von der Tafel ab. Mit einem farbigen Stift markieren Sie das Wort, das die Kinder betonen sollen, z.B. *Meine Mutter kocht heute Spagetti mit Soße.* Die Schüler lesen den Satz vor und springen bei dem zu betonenden Wort hoch. Dann unterstreichen Sie ein anderes Wort, z.B. *Meine Mutter kocht heute Spagetti mit Soße.* Jetzt müssen die Schüler bei dem Wort *Spagetti* hochspringen.

Variante

Ein Schüler liest den Satz vor und betont dabei ein Wort seiner Wahl. Dann wählt er ein anderes Kind aus, das den Satz so verändern soll, dass die Bedeutungsunterscheidung der betonten Stelle deutlich wird.

Beispiele:
Schüler 1: „Meine Mutter kocht heute Spagetti mit Soße."
Schüler 2: „Meine Mutter kocht heute Kartoffeln mit Soße."
Schüler 3: „Meine Mutter kocht heute Kartoffeln mit Soße."
Schüler 4: „Meine Mutter kocht heute Kartoffeln mit Fisch."
...

Auf diese Weise lässt sich jedes Wort dieser Sätze durch ein alternatives Wort der gleichen Wortart austauschen.
Auf S. 90 finden Sie zu jeder Betonungsmöglichkeit einen Nebensatz, der die entsprechende Bedeutung klar macht. Lassen Sie die Kinder die Textteile ausschneiden und richtig sortieren.

Bewegungsspiele zum Lesen

Silbenhüpfen

Das bereiten Sie vor

Schreiben Sie Wörter auf kleine Karten oder Sätze auf Papierstreifen. Trennen Sie dabei die Silben durch Bindestriche ab. Beispiele finden Sie im Anhang, S. 93.

Thema:
Wörter in Silben gliedern

Klassenstufe:
1.–3. Schuljahr

Ort:
überall

Sozialform:
Einzelarbeit/ Partnerarbeit

Zeit:
5–10 Minuten

Material:
Silben-Satz-streifen (s. S. 93) oder Wortkarten

So geht es

Die Schüler wählen eine Wortkarte und machen zu jeder Silbe einen Hüpfer. Von den Papierstreifen lesen sie den Satz laut und machen zu jeder Silbe einen Schritt.

Variante

Stellen Sie für jedes Wort (jede Silbe) einen Reifen, eine Teppichfliese oder ein Stück Pappe bereit. Die Kinder lesen einen Satz, legen für jedes Wort einen Reifen aus und hüpfen dann von Reifen zu Reifen, wobei sie den Satz nochmals laut mitsprechen.

Differenzierung

Geben Sie schwächeren Schülern im Lesen oder Rechtschreiben gezielte Übungswörter.

Leistungsstärkere Schüler schreiben ihre Sätze selbst. Dazu können sie auch den Computer nutzen.

Lesespaziergang

Das bereiten Sie vor

Vergrößern Sie Ihren ausgewählten Text, und zerschneiden Sie die Kopie in mehrere Teile. Die einzelnen Teile hängen Sie im Klassenraum an verschiedenen Stellen auf. Für die Variante kopieren Sie die zerschnittenen Textteile auf unterschiedlich farbiges Papier (immer: gleicher Textteil – gleiche Farbe).

So geht es

Nachdem Sie die einzelnen Textfragmente in beliebiger Reihenfolge im Klassenraum aufgehängt haben, begeben sich die Kinder gruppenweise zu den einzelnen Stellen und lesen leise einen Textabschnitt. Nachdem sie alle Textfragmente gelesen haben, versucht jede Gruppe, die Textabschnitte zu einer Geschichte zusammenzusetzen, indem sie über das Gelesene sprechen.

Variante

Mehrere Schüler erhalten jeweils unterschiedliche, farbig gekennzeichnete Textstellen, die sie lesen. Dann bewegen sie sich zu Musik im Raum. Wenn die Musik stoppt, werden die Textstellen getauscht. Haben alle Kinder alle Textstellen (jede Farbe) gelesen, treffen sie sich in Kleingruppen und versuchen, die Geschichte im Zusammenhang zu erzählen.

Differenzierung

Etwas einfacher wird das Spiel, wenn Sie zunächst mit einzelnen Wörtern arbeiten, die Sie an der Wand verteilen. Wenn die Kinder alle Wörter gelesen haben, müssen sie diese zu einem Satz zusammensetzen.

Thema:
Teile einer Geschichte lesen und zusammensetzen

Klassenstufe:
2.–4. Schuljahr

Ort:
überall

Sozialform:
Einzelarbeit/ Gruppenarbeit

Zeit:
10–20 Minuten

Material:
mehrere Textkopien einer beliebigen Geschichte

Gedicht rhythmisch lesen

Thema:
ein Gedicht mit Bewegung lebendig gestalten

Klassenstufe:
2.–4. Schuljahr

Ort:
Klassenraum/ Schulhof/ Turnhalle

Sozialform:
Einzelarbeit/ Partnerarbeit

Zeit:
15 Minuten

Material:
Lesebuch oder Gedichtband

Das bereiten Sie vor

Wählen Sie ein Gedicht aus, oder lassen Sie die Kinder selbst aus dem Lesebuch ein Gedicht aussuchen.

So geht es

Wenn alle Schüler ein Blatt mit einem Gedicht erhalten haben oder selbst ein Gedicht ausgewählt haben, schreiten sie damit durch das Klassenzimmer oder über den Schulhof. Während sie sich das Gedicht laut vorlesen, versuchen sie, im Takt der Silben zu gehen. Wollen sie eine Strophe auswendig lernen, lesen sie abwechselnd eine Zeile, schreiten im Takt dazu und wiederholen diesen Vorgang, ohne auf das Blatt zu sehen.

Variante

Bauen Sie einen Bewegungsparcours auf. Alle Kinder stellen sich auf einer Seite auf. Auf der anderen Seite des Parcours liegt das zeilenweise in Streifen geschnittene Gedicht. Die Kinder überqueren den Parcours, holen jedes Mal eine Zeile, kommen zurück und lesen die Zeile vor.
Zum Abschluss wird das Gedicht gemeinsam nochmals ganz gelesen.
Am Ende des Parcours könnten Sie z.B. auch verschiedene Zungenbrecher auslegen, die die Kinder beim Zurücklaufen laut vorlesen müssen.

Differenzierung

Wenn Sie mehrere Parcours gleichzeitig aufbauen, können Sie nach Schwierigkeitsstufen differenzieren oder um die Wette spielen.

Schleichlesen

Das bereiten Sie vor

Hängen oder legen Sie die zu bearbeitenden Textteile in einiger Entfernung von den Arbeitsplätzen der Kinder aus. Entweder Sie schlagen Lesebücher auf und markieren die relevanten Textstellen, oder Sie legen Kopien aus.

So geht es

Die Schüler bewegen sich zu dem von Ihnen ausgewählten Text und lesen die ersten 3 Sätze. An ihrem Platz geben sie den Inhalt schriftlich in eigenen Worten gekürzt wieder. Dann lesen sie die nächsten 3 Sätze usw.

Variante

In Partnerarbeit erarbeiten die Kinder einen kurzen Text, z.B. aus dem Lesebuch. Eines der Kinder sitzt auf dem Flur. Dort liest es seinem Partner 2 Sätze vor. Dieser geht zurück zu seinem Platz und schreibt den Inhalt in eigenen Worten auf. Er kehrt mit seinen Notizen zu seinem Partner zurück und liest diese vor, damit die beiden Kinder das Ergebnis gemeinsam mit dem Text inhaltlich abgleichen können. Danach tauschen die Kinder die Rollen.

Thema:
Text lesen, den Inhalt merken und schriftlich wiedergeben

Klassenstufe:
2.–4. Schuljahr

Ort:
Klassenraum/ Flur

Sozialform:
Einzelarbeit

Zeit:
ab 20 Minuten

Material:
Lesebücher, Zeitschriften oder kurze Texte, z.B. aus einem Sachbuch

Lesepuzzle

Thema:
Synthese von Wörtern zu sinnvollen Sätzen

Klassenstufe:
1.–4. Schuljahr

Ort:
Klassenraum

Sozialform:
Einzelarbeit/ Gruppenarbeit

Zeit:
10–30 Minuten

Material:
Wortkarten, die zusammengesetzt einen Satz ergeben, oder Satzkarten, die zusammen eine kleine Geschichte ergeben

Das bereiten Sie vor

Kopieren Sie einen oder mehrere Sätze im Großformat, und zerschneiden Sie den Satz in seine Wörter, oder schreiben Sie alle Wörter einzeln auf Wortkarten. Für ältere Schüler zerschneiden Sie eine Geschichte in einzelne Abschnitte.

So geht es

Verteilen Sie die Wörter oder die Sätze im Raum. Die Kinder machen nun einen Lesespaziergang und schauen sich alle Textteile an, lassen sie aber liegen bzw. hängen. Dann versuchen sie, die einzelnen Teile im Geiste zusammenzusetzen. Wer kann den ganzen Satz bzw. die ganze Geschichte nach dem Lesespaziergang rekonstruieren?

Varianten

Versehen Sie die Karten zusätzlich mit Würfelbildern. Bilden Sie Kleingruppen. Die Schüler müssen nun zuerst würfeln, um dann zu dem entsprechenden Puzzleteil gehen zu dürfen.

Lesen und Nachspielen

Das bereiten Sie vor

Kopieren Sie die Aussagen aus der Anlage S. 94 auf festes Papier, und rollen Sie die einzelnen Streifen zu kleinen Röllchen auf. Alternativ erfinden Sie eigene Anweisungen. Verschließen Sie die Röllchen mit einem Gummiband.

So geht es

Die Kinder holen sich ein Leseröllchen, öffnen es und lesen den Text leise für sich. Danach müssen sie den Auftrag ausführen.

Variante

Die Kinder stellen eigene Leseröllchen her. Wenn sie ständig ein Kästchen mit Leseröllchen zur Verfügung haben, können Schüler, die mit einem Arbeitsauftrag fertig sind, als Differenzierungsmaßnahme auf die Leseröllchen zurückgreifen.

Differenzierung

Sie können für den Förderunterricht gezielt Leseröllchen auch mit mathematischen Aufgaben herstellen.

Thema:
Informationen entnehmen, Gelesenes in Handlungen umsetzen

Klassenstufe:
2.–4. Schuljahr

Ort:
Klassenraum

Sozialform:
Einzelarbeit/ Partnerarbeit

Zeit:
10 Minuten

Material:
Papierstreifen mit Bewegungsaufträgen (s. S. 94)

Zoospiel

Thema:
Texten Informationen entnehmen

Klassenstufe:
2.–4. Schuljahr

Ort:
Klassenraum/
Turnhalle

Sozialform:
Einzelarbeit

Zeit:
bis 20 Minuten

Material:
Tierbilder, große Pappkarten

Das bereiten Sie vor

Sammeln Sie Tierbilder und Poster aus Zeitschriften. Lassen Sie die Kinder zu diesen Tieren Karten mit Informationen herstellen, z.B.:

kann schwimmen	kann fliegen	kann weit springen
hat ein Fell	hat Flossen	hat Hufe
lebt an Land	lebt im Wasser	klettert auf Bäume

So geht es

Wenn alles vorbereitet ist, kann das eigentliche Spiel starten. Hängen oder legen Sie die Informationskarten in der Klasse oder auf dem Schulhof aus.
In der Turnhalle können Sie die Informationskarten auch in Reifen legen. Spielen Sie leise Musik ab, während die Kinder herumgehen und die Informationskarten lesen. Stoppen Sie die Musik, und halten Sie das Bild eines Tieres hoch. Jetzt müssen die Kinder schnell eine Informationskarte aufsuchen und hochheben, die zu diesem Tier passt.

Variante

Wählen Sie andere Oberbegriffe, z.B. *Obst und Gemüse, geometrische Grundformen* oder *Körper.*

Differenzierung

Leistungsstärkere Schüler schreiben ausführlichere Infos auf die Karten, ohne zu verraten, um welches Tier es sich handelt.

Geschichten
in Bewegung

Geschichtenschreiber

Thema:
Geschichten erfinden

Klassenstufe:
2.–4. Schuljahr

Ort:
Klassenraum

Sozialform:
ganze Klasse

Zeit:
15–25 Minuten

Material:
für jedes Kind einen Papierstreifen, Karteikarten

Das bereiten Sie vor

Starten Sie mit einer Lockerungsübung. Die Schüler sollen einige Überkreuzbewegungen (Arme kreuzen, Knie zum entgegengesetzten Ellbogen ...) machen und dann 3-mal ganz tief ein- und ausatmen.
Danach schreiben Sie einen Startsatz an die Tafel, z.B.: *Heute gastiert in unserer Stadt der Zirkus Fidibus.*

So geht es

Jedes Kind notiert jetzt einen Satz auf einem Papierstreifen, der zum Thema passt. Dann kommen alle Kinder nach vorne und heften ihre Sätze an die Tafel. So entstehen Fragmente einer Geschichte. Können die Kinder eine zusammenhängende Geschichte daraus machen, indem sie die Sätze umsortieren?

Variante

Legen Sie zu einem Thema, z.B. *Ritter,* passende Bilder und Fotos bereit. Lassen Sie die Kinder zu dem Thema Ideen und Stichworte auf Karteikarten sammeln.
Alle treffen sich im Sitzkreis. Ein Kind steht nun auf und beginnt eine „Rittergeschichte" mit dem ersten Satz und setzt sich wieder hin. Dann erhebt sich das nächste Kind und fügt einen zweiten, inhaltlich passenden Satz hinzu. Auf diese Weise setzt sich die Geschichte im Kreis fort. Alle sollten darauf achten, dass jeder neue Satz auf den vorherigen Bezug nimmt.

Differenzierung

Ist eine schöne Geschichte entstanden, können die Kinder versuchen, diese in Kleingruppen nachzuspielen.

Fantasiewelten

Das bereiten Sie vor

Überlegen Sie sich mit den Kindern ein Motto, z.B. *Dschungel, Zoo, Zirkus, Schwimmbad ...*
Erarbeiten Sie charakteristische Bewegungsabläufe für die Situation (z.B. lautlos schleichen, eine Spur verfolgen, ein markiertes Ziel treffen, auf einen Baum klettern, balancieren ...).

So geht es

Starten Sie mit der Bewegungsgeschichte „Im Dschungel" (s. S. 95).
Die Kinder stellen sich im Kreis auf und stellen den Ablauf der Geschichte pantomimisch dar. Greifen Sie auch Ideen der Schüler auf, und integrieren Sie diese in die Bewegungsgeschichte. Variieren Sie den Ablauf nach Belieben.

Variante

Nachdem die Kinder erste Erfahrungen mit Bewegungsgeschichten gemacht haben, ermuntern Sie sie, in Kleingruppen eigene Bewegungsgeschichten zu erfinden und aufzuschreiben. Wenn Sie möchten, geben Sie bestimmte Bewegungen vor, die darin vorkommen sollen.

Differenzierung

Ältere Kinder (Kl. 4) schreiben Bewegungsgeschichten für jüngere Kinder (Kl. 1), z.B. für ihre „Patenklasse".

Thema:
Bewegungsgeschichte körperlich umsetzen

Klassenstufe:
1.–3. Schuljahr

Ort:
Klassenraum/Turnhalle

Sozialform:
ganze Klasse

Zeit:
mehrere Unterrichtsstunden

Material:
Bewegungsgeschichte, z.B. „Im Dschungel" (s. S. 95)

Wenn-dann-Spiel

Das bereiten Sie vor

Schreiben Sie die Wenn-Sätze und die Dann-Sätze auf Papierstreifen in unterschiedlicher Farbe.

So geht es

Jeder Schüler bekommt einen Wenn-Satz. Die Dann-Sätze werden auf dem Boden ausgelegt. Lassen Sie die Kinder jetzt herumgehen und passende Satzteile zusammenfügen. Auf ein Zeichen hin setzen sich die Kinder hin. Wer einen passenden Satz gefunden hat, liest diesen vor und bekommt einen Punkt. Dann werden die Wenn-Sätze neu verteilt, und es geht in eine neue Runde. Finden die Kinder neue Zusammenstellungen?

Variante

Es macht den Kindern auch sehr viel Spaß, Unsinnsätze zusammenzusetzen und diese anderen Kindern vorzulesen.

Thema:
Konditionalsätze zusammensetzen

Klassenstufe:
4. Schuljahr

Ort:
Klassenraum/ Turnhalle

Sozialform:
Gruppenarbeit

Zeit:
10 –15 Minuten

Material:
Konditionalsätze (s. S. 93)

Pantomime

So geht es

Alle treffen sich im Sitzkreis. Lassen Sie ein Kind ein Verb oder eine einfache Tätigkeit pantomimisch darstellen, z.B. eine Tür öffnen, springen, fliegen, etc. Die anderen Schüler versuchen, das Verb zu erraten. Wer es richtig errät, stellt die nächste Pantomime dar.

Varianten

Die Schüler schreiben kleine Geschichten auf (4 – 6 Sätze), die sich zum Vorspielen eignen. Lesen Sie reihum alle Geschichten vor. Legen Sie die Geschichten in eine kleine Kiste, und bilden Sie Schülerpaare. Jedes Paar zieht 2 Geschichten aus der Kiste. Nachdem Sie beide Geschichten gelesen haben, spielt Kind A eine Geschichte pantomimisch vor. Kind B muss erraten, welche Geschichte es gespielt hat. Dann werden die Rollen getauscht.

Thema:
Handlungen und Zustände ohne Worte darstellen

Klassenstufe:
3./4. Schuljahr

Ort:
Klassenraum

Sozialform:
Gruppenarbeit/ Partnerarbeit

Zeit:
30 Minuten

Material:
optional Wortkarten, Satzkarten

Rückenmassage

Das bereiten Sie vor

Zum Kennenlernen des Spiels können Sie eine eigene Geschichte bereitlegen.

So geht es

- Kind 1 sitzt verkehrt herum auf seinem Stuhl. Kind 2 steht dahinter. Alternativ kann das erste Kind auch auf einer Matte liegen und das andere danebensitzen.
- Erzählen Sie eine kleine Geschichte. Lassen Sie das zweite Kind dazu geeignete Bewegungen erfinden, die es dem ersten Kind – passend zur Geschichte – auf den Rücken „massiert". Dann sind die Kinder paarweise an der Reihe. Das massierende Kind erzählt eine kleine Geschichte, z.B. zum Thema *Kuchen backen* oder *Gespensternacht*, und gibt entsprechende Bewegungen auf den Rücken des anderen Kindes weiter. Dann wird gewechselt.

Thema:
Körperwahrnehmung schulen und mit einer Geschichte verknüpfen

Klassenstufe:
1.–4. Schuljahr

Ort:
Klassenraum/Turnhalle

Sozialform:
Partnerarbeit

Zeit:
15 Minuten

Variante

Ein Kind „massiert" Bewegungen auf den Rücken des Partners.
Das Erzählen übernimmt aber der Partner passend zu den gefühlten Bewegungen.

Differenzierung

Etwas einfacher wird die Übung, wenn Sie 5 Sätze vorgeben, die das erste Kind in Bewegungen umsetzen soll.

Geben Sie 5 Stichwörter vor, zu denen eine Geschichte erfunden wird. Mögliche Themen: *Gewitternacht, Schlitten fahren …*

Bewegungsparcours

Das bereiten Sie vor

Der thematische Rahmen ergibt sich aus einer Unterrichtsreihe oder einer Geschichte. Geeignet sind Themen wie: *Pippi Langstrumpf, Dschungel, Schlossgespenst, Piraten, Hexen …*

So geht es

Die Schüler haben ein Thema im Unterricht erarbeitet oder eine Geschichte zur Einstimmung besprochen. Anschließend geht es in die Turnhalle.

Die Kinder sollen auf dem Bewegungsparcours nach eigener Fantasie Erlebnisse erfinden und in sportliche Aktivitäten umsetzen. Im Anschluss daran findet ein Erzählkreis statt: z.B. *Als Pippi Langstrumpf habe ich erlebt …*

Aus allen Erlebnissen sollen die Kinder nun eine kleine Geschichte schreiben.

Variante

In der Turnhalle hängen mehrere große Plakate. Auf den Plakaten steht je ein Startsatz zu verschiedenen Themen, z.B.: *Der kleine Affe Atzki lebt im Dschungel. Er hat sich verlaufen und sucht jetzt seine Eltern.*

Die Kinder denken sich aus, was der Affe nun erleben könnte, und spielen diese Erlebnisse im Bewegungsparcours nach. Zwischendurch begeben sich die Kinder zu den einzelnen Plakaten und setzen die Geschichte fort, indem sie einen oder mehrere Sätze hinzufügen.

Thema:
eine Geschichte in Bewegungen erleben und erzählen

Klassenstufe:
3./4. Schuljahr

Ort:
Turnhalle

Sozialform:
Einzelarbeit/ Gruppenarbeit

Zeit:
2 Unterrichtsstunden

Material:
Bewegungsparcours in der Turnhalle, thematischer Rahmen in Form einer Ganzschrift oder einer Geschichte

Erzählspur

Thema:
eine Geschichte über und mit Hilfe von Bewegungen erzählen

Klassenstufe:
1.–4. Schuljahr

Ort:
Klassenraum

Sozialform:
Gruppenarbeit

Zeit:
10 Minuten

Material:
optional Beispieltext „Ein Igel im Regen“ (S. 96)

Das bereiten Sie vor

Suchen Sie eine Geschichte, die die Kinder gut in Bewegung umsetzen können und die nicht zu lang ist. Die Geschichte sollte den Kindern bereits bekannt und die Bewegungen erarbeitet sein. Auf S. 96 finden Sie einen Beispieltext.

So geht es

Die Kinder sitzen im Theaterkreis. Ein Kind beginnt mit dem Nacherzählen der Geschichte. Dabei dienen die Bewegungen als Gedankenstütze, wie bei einer Erzählspur. Darunter versteht man Wörter oder Bilder von wichtigen Anhaltspunkten einer Geschichte zur Unterstützung eines flüssigen und vollständigen Vortrags.

Variante

Die Kinder erzählen unterschiedliche Geschichten nur durch die Bewegung, und die anderen Kinder müssen die Bewegungen mit Worten beschreiben und so die Geschichte erschließen.
Das Lernen eines Liedes oder Gedichtes kann durch die Bewegung unterstützt werden.

Differenzierung

Zu den Bewegungen können von einem weiteren Erzähler einzelne Wörter oder Bilder gezeigt werden.

Gespräche
in Bewegung

Erzähl-Doppelkreis

Thema:
Wochenend-geschichten erzählen

Klassenstufe:
1.–4. Schuljahr

Ort:
Klassenraum

Sozialform:
Partnerarbeit

Zeit:
15–25 Minuten

Das bereiten Sie vor

Stellen Sie einen doppelten Stuhlkreis auf. Der äußere Kreis steht wie gewohnt, die Stühle des inneren Kreises stehen gegenüber, sodass sich je 2 Schüler gegenübersitzen können.

So geht es

Die Schüler in dem äußeren Kreis starten und erzählen ihrem Partner aus dem inneren Kreis leise vom Wochenende (oder über ein anderes, beliebiges Thema).
Nach 3 Minuten rutschen alle Schüler des inneren Kreises einen Stuhl nach links.
Achtung! Jetzt erzählen diese Kinder ihrem neuen Partner, was sie zuvor gehört haben – nicht die eigene Geschichte! Dann wird erneut nach links gedreht, und die Schüler im inneren Kreis erzählen dem Partner von ihrem Wochenende. Zum Schluss dreht der äußere Kreis in Gegenrichtung – also nach rechts-, und diese Kinder erzählen, was sie gehört haben.

Variante

Innen- und Außenkreis haben jeweils eine andere kleine Geschichte oder bestimmte Sachinfos gelesen, die sie ihrem Partner erzählen sollen. Der Ablauf bleibt der gleiche, also: erzählen – zuhören – nacherzählen – zuhören usw.

Zungenbrecher

Das bereiten Sie vor

Lassen Sie die Kinder einen Zungenbrecher zunächst langsam nachsprechen und dabei auswendig lernen. Beispiele finden Sie im Anhang auf S. 87.

So geht es

Wenn die Kinder den Zungenbrecher beherrschen, klopfen sie dazu auf den Tisch, erst mit der rechten Faust, dann mit der linken, dann begleitet die rechte Faust den ersten Teil, die linke den zweiten Teil des Zungenbrechers. Erfinden Sie mit den Kindern weitere rhythmische Elemente zu den Zungenbrechern.

Variante

Die Kinder stellen sich auf dem Schulhof oder in der Turnhalle im Kreis auf. Sie machen eine Vierteldrehung und fassen dem Vordermann auf die Schulter. Auf ein Zeichen hin bewegen sie sich mit jeder Silbe einen Schritt vorwärts:

Beispiel für den Buchstaben F:
Fi-schers Fritz fischt fri-sche Fi-sche, – halbe Drehung!,
fri-sche Fi-sche fischt Fi-schers Fritz. – Stopp!

Differenzierung

Ältere Schüler können selbst zu einem Buchstaben Zungenbrecher erfinden, die dann mit der ganzen Klasse in Bewegung umgesetzt werden.

Thema:
rhythmisches Sprechen zu einem Buchstaben üben

Klassenstufe:
1. Schuljahr

Ort:
Klassenraum/Schulhof

Sozialform:
ganze Klasse

Zeit:
10 Minuten

Material:
Zungenbrecher (s. S. 87), optional Handtrommel

Interview in Bewegung

Thema:
Interviewen, Informationen sammeln und ordnen

Klassenstufe:
3./4. Schuljahr

Ort:
Klassenraum/ Turnhalle

Sozialform:
Partnerarbeit

Zeit:
20–30 Minuten

Material:
Interview-Fragebogen (s. S. 97), Bleistifte

Das bereiten Sie vor

Geben Sie allen Kindern einen Fragebogen (s. S. 97).

So geht es

- Alle bewegen sich kreuz und quer durch den Raum. Begegnen sich zwei Kinder, stellen sie sich gegenseitig eine Frage des Fragebogens. Die Interviewfragen wandeln sie dabei in direkte Fragen an den Partner um. Das interviewende Kind notiert den Namen und die Antwort des Partners auf dem Fragebogen.
- Nach der Interviewphase beginnt das Ordnen der Informationen. Für jedes Kind wird ein Steckbrief an die Tafel oder die Wand gehängt. Alle Kinder gehen nun mit ihren ausgefüllten Interviewzetteln zur Steckbrief-Wand und tragen ihre Antworten in die Steckbriefe der entsprechenden Kinder ein. Wenn Informationen unvollständig geblieben sind, interviewen sich die Kinder gezielt weiter, bis von allen Kindern alle Fragen beantwortet sind.

Variante

Die Ergebnisse werden in Form einer Klassenzeitung veröffentlicht.

Differenzierung

Schwächeren Kindern stellen Sie eine Auswahl von möglichen Antworten bereit.

Leistungsstärkere Kinder können auch selbst einen Fragebogen zu einem bestimmten Thema erstellen, bevor sie andere Kinder interviewen.

Gemeinsames Reflektieren

Das bereiten Sie vor

Für Spiel 1 legen Sie eine alte Wolldecke zurecht. Wenn Sie mehrere Kleingruppen bilden, können Sie auch Zeitungen benutzen.
Für Spiel 2 füllen Sie ein Glas mit Wasser.

So geht es

Spiel 1:
Alle Schüler Ihrer Klasse stellen sich alle auf die Wolldecke. Dann erhalten sie die Aufgabe, die Wolldecke zu wenden, ohne auf den Boden zu treten. Das Spiel erfordert wichtige Absprachen zum Vorgehen, die vor Spielbeginn getroffen werden können. Nach dem Spiel reflektieren die Kinder im Sitzkreis, wie es geklappt hat und was man besser machen kann.

Spiel 2:
Alle Kinder stehen im Kreis um die Wolldecke herum. Sie sollen nun alle gemeinsam die Decke anfassen. Dann stellen Sie das mit Wasser gefüllte Glas in die Mitte. Jetzt besteht die Aufgabe darin, das Glas über eine bestimmte Strecke zu transportieren, ohne das Wasser zu verschütten.
Auch hier reflektieren die Kinder die Zusammenarbeit und das Vorgehen.

Leitfragen:
Was war das Ziel? Wurde das Ziel erreicht? Welche Dinge haben dazu beigetragen, dass das Ziel (nicht) erreicht wurde? Was werden wir für den nächsten Versuch berücksichtigen? Wie können wir besser kooperieren? ...

Thema:
Sozialkompetenz fördern, Reflektieren

Klassenstufe:
3./4. Schuljahr

Ort:
Klassenraum/ Flur

Sozialform:
ganze Klasse

Zeit:
20–30 Minuten

Material:
alte Wolldecke, groß genug, dass alle Kinder der Klasse darauf bequem gleichzeitig stehen können; leeres Gurkenglas

Ich bin ... und ich kann gut ...

Thema:
sich selbst mit einer Stärke vorstellen und diese mit einer Bewegung unterlegen

Klassenstufe:
1.–4. Schuljahr

Ort:
Klassenraum

Sozialform:
Partnerarbeit/ Gruppenarbeit

Zeit:
5–10 Minuten

So geht es

Die Kinder suchen sich jeweils einen Partner.
In der Partnerarbeit stellen sich die Kinder gegenseitig vor, indem sie den Satz *„Ich bin ... (Name) und ich kann gut ... (Stärke)"* vervollständigen.
Dabei wird die Stärke mit einer Bewegung verdeutlicht.
Nach dem Partnergespräch stellt jedes Kind seinen Partner in der Gruppe vor. Dabei macht es ebenfalls die entsprechende Bewegung.

Variante

Dieses Spiel kann auch themenbezogen durchgeführt werden. Zum Beispiel können die Kinder verschiedene Ritter mit ihren Stärken oder Tiere mit entsprechenden Eigenschaften vorstellen.

Differenzierung

Es können über Karteikarten Bewegungen zu Stärken zugeordnet werden.

Geschichten-Rallye

Das bereiten Sie vor

Teilen Sie die Geschichte, die Sie ausgewählt haben (z.B. die Kurzgeschichte auf S. 82), in mehrere Segmente. Teilen sie die Kinder in genau so viele Kleingruppen ein. Die Gruppen verteilen sich im Raum. Jede Gruppe bekommt nun einen Abschnitt der Geschichte ausgehändigt.
2 Kinder werden keinen Gruppen zugeordnet und bekommen keinen Text.

So geht es

Die einzelnen Gruppen lesen ihre Textabschnitte. Anschließend beraten sie sich, und versuchen, ihren Textabschnitt in eine Bewegungsfolge bzw. ein Stegreif-Theater ohne Worte umzusetzen.
Die 2 Kinder ohne Text laufen nun von Gruppe zu Gruppe, und bekommen die pantomimischen Bewegungen gezeigt. Dabei wird nicht verraten, welche Gruppe welchen Textabschnitt darstellt. Auf diese Weise bekommen die beiden nach und nach die ganze Geschichte ohne Worte erzählt, und müssen diese zum Schluss richtig zusammensetzen und mündlich wiedergeben.

Differenzierung

Geben Sie die Reihenfolge der Gruppen vor.

Geben Sie einer Gruppe einen Textabschnitt, der nicht zu der Geschichte gehört. Die Kinder müssen dann die unpassenden Bewegungen identifizieren.

Thema:
eine Geschichte durch Bewegung und ohne Worte nacherzählen

Klassenstufe:
1.–4. Schuljahr

Ort:
Klassenraum/ Turnhalle

Sozialform:
Kleingruppen

Zeit:
30 Minuten

Material:
Kurzgeschichte: „Im Supermarkt" (s. S. 82), oder jede andere Geschichte, die gut mit Bewegung dargestellt werden kann

Geschichten-Rallye

Im Supermarkt

Eines Nachmittags fragte Leons Mama: „Möchtest du mit mir einkaufen gehen?“ „Klar“, strahle Leon. Einkaufen mochte er für sein Leben gern. Zunächst schrieben sie zusammen einen Einkaufszettel. Dann fuhren Sie mit dem Auto zum Supermarkt. Am Eingang begrüßte sie Tom, der Sicherheitsmann. Den kannte Mama nämlich noch aus ihrer Schulzeit.

Nun schob Leons Mama den Wagen, und Leon lief durch die Korridore und sammelte die Waren ein. Dabei musste er sich oft tief bücken oder ganz nach oben greifen – denn auf Augenhöhe liegen immer nur die teuren Markenprodukte, sagt Mama immer.

Als Leon gerade einen Schokoriegel aus dem Regal nahm, fiel er ihm auf: Ein junger Mann mit langem Kapuzenpulli, der sich schon die ganze Zeit nervös umschaute. Und tatsächlich: Plötzlich griff der Mann schnell ins Regal, zog eine Schnapsflasche heraus, steckte sie in seinen Pulli und ging eilig davon.

„Der wird die Flasche doch nicht klauen wollen“, dachte Leon. Trotzdem verfolgte er ihn heimlich. Zielstrebig ging der Mann Richtung Kasse. Doch anstatt die Flasche herauszunehmen und sich anzustellen, drückte er sich an der Schlange vorbei, an der Kasse vorbei, und ging zum Ausgang. Aber Leon war immer noch dicht hinter ihm.

Als der Mann gerade durch die breiten Schiebetüren verschwinden wollte, wusste Leon, dass er jetzt etwas tun musste: „Tom! Der Mann klaut!“, rief er laut. Der Sicherheitsmann reagierte sofort und hielt den Dieb fest. „Die Flasche im Pulli!“, rief Leon. Schuldbewusst zog der Mann die Schnapsflasche heraus. „Hab halt kein Geld“, murmelte er.

„Du machst meine Arbeit ja besser als ich“, bemerkte Tom etwas verlegen. Leon musste grinsen. Doch was war das? Da schaute doch ein Schokoriegel aus Leons Hosentasche heraus. „Hast du den auch bezahlt?“, fragte Tom. „Wer von uns beiden ist denn nun der Detektiv?“, erwiderte Leon selbstbewusst. Da mussten sie alle drei lachen – sogar der Schnapsflaschen-Dieb.

Anhang

Seite 12: **Buchstabenverse**

A	Der alte Affe Adam *(linken Arm strecken, Faust ballen)* sitzt noch *(Arm nach rechts bewegen)* auf einem Ast. *(rechten Arm ausstrecken und dann anbeugen)* Der Ast bricht ab – und Adam fällt herab.
B	Brum der Bär besteigt einen Berg. *(Überkreuzbewegungen mit beiden Armen)* Brum der Bär betrachtet die bunte Welt. *(Hände über die Augen)* Brum der Bär bewegt sich gern. *(Überkreuzbewegungen nach hinten)*
F	Der flinke Fisch Felix *(ein Arm macht Wellenbewegungen)* schwimmt noch *(Schwimmbewegungen)* im fließenden Wasser. *(der andere Arm macht Wellenbewegungen)* Der Fischer Felix *(Angelbewegung)* fängt den Fisch – und *(Hände vor dem Bauch verschließen)* fünf Finger kommen gelaufen *(Fingerbewegungen)*, um den flinken Fisch Felix *(Wellenbewegungen)* zu kaufen. *(Arme vor den Bauch)*

Erfinden Sie weitere Buchstaben-Verse nach diesem einfachen Schema.

Seite 23: **Körper-Abc**

	Körperteil	Tätigkeit		Körperteil	Tätigkeit
A	Augen, Arme	atmen (laut)	N	Nase	niesen
B	Bauch, Bein, Brust	Arm beugen	O	Ohr, Oberschenkel, Oberkiefer	öffnen (Hand, Mund)
C		C mit Armen oder Hand formen	P	Po	pusten
D	Daumen	Daumen kreisen	Q		quaken, quieken
E	Ellenbogen	essen	R	Rücken, Rippen	rudern mit beiden Armen
F	Finger	Finger zappeln, fliegen	S	Stirn	sehen, schauen, sitzen
G	Gesäß	gähnen	T	Taille	tränen
H	Haare, Hals	hüpfen	U	Unterarm, Unterschenkel, Unterkiefer	umarmen
I	Iris		V		Verbeugung, vorstrecken
J	Jacke	jammern	W	Waden, Wangen	werfen, weinen
K	Knie, Kopf, Kniebeuge	kämmen, kratzen	X	X-Beine	Arme überkreuzen
L	Lippen, Leisten, Lunge	laufen	Y		Arme zu einem Y hoch-strecken
M	Mund	malen	Z	Zähne, Zehen, Zeigefinger, Zunge	zappeln

Seite 26: **Handzeichenalphabet**

A	B	C	D	E	F
G	H	I	J	K	L
M	N	O	P	Q	R
S	T	U	V	W	X
Y	Z				

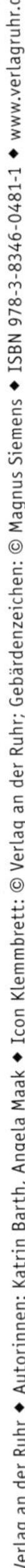

Seite 77: **Zungenbrecher**

Wenn ich weiß, was du weißt, und du weißt, was ich weiß, dann weiß ich, was du weißt, und du weißt, was ich weiß.
Hinter Hermann Hansens Haus hängen hundert Hemden raus. Hundert Hemden hängen raus hinter Hermann Hansens Haus.
Zwischen zwei Zwetschgenbaumzweigen zwitschern zwei geschwätzige Schwalben.
Wenn Fliegen hinter Fliegen fliegen, fliegen Fliegen hinter Fliegen her.
Am 10.10., 10 Uhr 10, zogen zehn zahme Ziegen zehn Zentner Zimt zum Zoo.
Schnecken erschrecken, wenn Schnecken an Schnecken schlecken, weil zum Schrecken vieler Schnecken Schnecken nicht schmecken.
Bürsten mit weißen Borsten bürsten besser, als Bürsten mit schwarzen Borsten bürsten.
Es klapperten die Klapperschlangen, bis ihre Klappern schlapper klangen.

Seite 27: **Lautzeichen**

Vorschläge zur Erarbeitung von Vokalen und Umlauten

a	Der Mund ist weit offen.
e	Die Lippen sind geöffnet, der Mund etwas weniger weit offen.
i	Die Lippen sind breit auseinandergezogen.
o	schmale, gerundete Lippen
u	flache, leicht gerundete Lippen
ä, ö, ü	Umlaute werden dargestellt wie die Vokale. Gleichzeitig tippen Zeige- und Ringfinger der anderen Hand an die Nase.

Seite 25: **Tier-Rap**

A wie Affe, **B** wie Bär, **C** wie Chamäleon und **D** wie Dachs.
E wie Esel, **F** wie Fuchs, **G** wie Gans und **F** wie Fisch.
I wie Igel, **J** wie Jaguar, **K** wie Kröte, **L** wie Luchs,
M wie Maus und **N** wie Nashorn, **O** wie Otter, **P** wie Pferd,
Q wie Qualle, **R** wie Reh, **S** wie Steinkauz, **T** wie Tiger,
U wie Uhu und **V** wie Vogel. **W** wie Waldkauz, **X** wie nix,
Y wie Yak und **Z** wie Zebra.

Seite 30, 32: **Reimwörter**

- Klasse, Tasse, Gasse, Kasse …
- Mutter, Butter, Futter …
- wollen, sollen, rollen …
- Kopf, Topf, Zopf, Knopf, Schopf …
- Ziel, Spiel, Stiel, Kiel, viel …
- singen, klingen, schwingen, springen, ringen, bringen …
- Schnee, Tee, Klee, See, Fee …
- Platz, Satz, Schatz, Spatz …
- sagen, klagen, nagen, fragen, wagen …
- Puppe, Suppe, Gruppe, Truppe, Schuppe …
- Hose, Rose, Dose, Lose …
- schief, tief, lief, rief, Brief …
- Ort, Wort, Sport, Hort …
- Bahn, Zahn, Kahn, Hahn …
- zahlen, strahlen, prahlen, malen …
- Mütze, Pfütze, Grütze, Stütze …
- Gedicht, Bericht, Gewicht, Gesicht …
- fliegt, biegt, liegt, siegt …
- Raum, Baum, Traum …
- legen, pflegen …
- Turm, Wurm …
- Weise, Speise …
- rauschen, lauschen …
- Stern, fern …
- Zunge, Lunge …
- Futter, Butter …
- Zeitung, Leitung …
- Griff, Pfiff …
- pflanzen, tanzen, Ranzen …
- schlagen, tragen, wagen …
- pfeifen, greifen, Reifen, Streifen …
- wählen, zählen …
- reißen, beißen, heißen …

Seite 34: **Adjektive – Gegensätze**

- heiß – kalt
- schön – hässlich
- groß – klein
- lang – kurz
- hell – dunkel
- arm – reich
- dick – dünn
- falsch – richtig
- fern/weit – nah
- fest – locker
- fleißig – faul
- geschlossen – offen
- glatt – rau
- fröhlich – traurig
- gut – böse
- jung – alt
- langsam – schnell
- laut – leise
- neu – alt
- leicht – schwer
- schmutzig – sauber
- schmal – breit
- voll – leer
- unten – oben
- teuer – billig
- wach – müde/schlafend
- wenig – viel
- weich – hart
- süß – sauer/salzig
- trocken – nass
- eckig – rund

Seite 39: **Bewegungsvorschläge zu Buchstaben**

A: angeln
B: beten
C: –
D: danken (Hand schütteln)
E: Elefantenrüssel
F: Flugzeug
G: Gitarre
H: Hund
I: (einrollen wie ein) Igel
J: Jojo spielen
K: knien
L: lachen
M: malen
N: Nase putzen
O: –
P: putzen
Q: quaken (mit dicken Backen)
R: rennen
S: seilspringen
T: tanzen
U: Uhr (Zeiger nachmachen)
V: Vogel (mit Armen flattern)
W: winken
X: Xylofon spielen
Y: –
Z: Zähne putzen

Seite 49, 51: **Zusammengesetzte Nomen**

Regen →	Wurm/Schirm/Bogen	Frühstück →	Pause
Arbeit →	Blatt	Tür →	Schloss
Sonnen →	Brille/Schirm	Fuß →	Ball/Matte
Schwert →	Fisch/Kämpfer	Topf →	Lappen/Deckel
Garten →	Zaun/Zwerg	Kind →	Garten
Uhr →	Zeit	Holz →	Haus/Regal
Auto →	Bahn/Werkstatt	Spiel →	Brett/Regel
Hand →	Tuch/Creme/Schuhe	Meer →	Wasser/Tiere
Märchen →	Buch/Erzähler	Cola →	Flasche
Fenster →	Rahmen/Glas	Schnee →	Matsch/Besen
Apfel →	Baum/Saft/Kuchen	Tasche →	Rechner/Tuch
Haus →	Tür/Meister/Aufgaben	Strom →	Leitung/Zähler
Fahrrad →	Kette	Haar →	Gummi/Zopf

Seite 58: **Satzglieder betonen**

Meine Mutter kocht heute Spagetti mit Soße,	und nicht **deine**.
Meine **Mutter** kocht heute Spagetti mit Soße,	und nicht mein **Vater**.
Meine Mutter **kocht** heute Spagetti mit Soße,	aber **backt** sie nicht.
Meine Mutter kocht **heute** Spagetti mit Soße,	und nicht **morgen**.
Meine Mutter kocht heute **Spagetti** mit Soße,	und nicht **Kartoffeln** mit Soße.
Meine Mutter kocht heute Spagetti **mit** Soße,	und nicht **ohne** Soße.
Meine Mutter kocht heute Spagetti mit **Soße,**	und nicht mit **Ketchup**.

Seite 50/51: **Wortfamilien**

Info:
Wortfamilien sind verwandte Wörtergruppen, die den gleichen Wortstamm (auch Kernmorphem) besitzen oder den Wortstamm in einer Abwandlung enthalten. Ein Wortstamm ist die kleinste Sinneinheit in einem Wort, z.B. /bau/ in den Wörtern *bauen* oder *Gebäude*. Innerhalb einer Wortfamilie können sämtliche Wortarten auftreten.

Hier einige Beispiele für Wortfamilien:

Wortstamm	**Mitglieder der Wortfamilie**
/bau/	bauen, gebaut, Gebäude, abbauen
/sing/	singen, gesungen, Gesang, vorsingen, mitsingen
/spiel/	spielen, gespielt, Spieler, vorspielen, mitspielen
/bring/	wegbringen, bringen, Mitbringsel, mitbringen
/tret/	abtreten, treten, getreten, Tritt, vortreten
/fahr/	fahren, Fahrrad, Fahrschule, befahrbar, Fahrt
/ess/	Essen, essbar, gegessen, Essbesteck
/lern/	lernen, Lernspiel, gelernt, anlernen, verlernen
/les/	lesen, Lesebuch, ausgelesen, lese, nachlesen
/lauf/	laufen, Wettlauf, Anlauf, gelaufen, verlaufen
/auto/	Automobil, automatisch, autonom
/halt/	Halter, halten, Verhalten, Haltestelle, behalten

Seite 51: **Nachsilben**

Steht am Ende:
-heit, -tum, -lich, -keit, -nis, -ung, -chen, -schaft oder **-lein,**
schreibt man groß und niemals klein.
(Diese Endungen machen aus einem Wortstamm ein Nomen.)

Steht am Ende:
-ig, -isch, -sam, -voll, -los und -bar,
schreibt man klein, das ist doch klar.
(Diese Endungen machen aus einem Wortstamm ein Adjektiv.)

Info:
Diese Endungen werden auch als **Wortbildungsmorpheme** bezeichnet. Diese Silben haben im Gegensatz zu den Wortstämmen keine selbstständige Bedeutung, sondern verändern lediglich die Bedeutung und die Wortarten von Wortstämmen.

Seite 51, 57: **Vorsilben**

ver-	-reisen -spielen -rechnen -stecken	vor-	-legen -lesen -zeigen -rechnen
um-	-stecken -legen -werfen -gehen	ein-	-legen -sehen -knicken -drehen
be-	-greifen -legen -fassen -lassen	ent-	-scheiden -decken -werfen -fallen

Seite 60: **Silben-Satzstreifen**

Die Kin-der freu-en sich.
Heu-te scheint die Son-ne.
Pe-ter spielt im Gar-ten.
Ka-rin sitzt auf der Schau-kel.
Am Gar-ten-tor ist der Hund.
Die Mut-ter hat ein-ge-kauft.
Der Va-ter wäscht das Au-to.
Die Kat-ze schläft un-ter ei-nem Baum.

Seite 70: **Konditionalsätze**

Wenn meine Familie in den Urlaub fährt,	will er nach draußen.
Wenn wir im Kunstunterricht malen,	hat er keine Langeweile.
Wenn ich gute Noten bekomme,	ist es mir nicht langweilig.
Wenn mein kleiner Bruder spielt,	darf ich mir etwas aussuchen.
Wenn ich am Computer spiele,	freuen sich alle.
Wenn unser Hund bellt,	muss ich mich besonders anstrengen.
Wenn Mama mit mir in die Stadt geht,	freue ich mich immer besonders.
Wenn die Familie einen Ausflug macht,	gehen wir im Freibad schwimmen.
Wenn es Sommer wird,	ist er meistens draußen.
Wenn ich anderen helfe,	gehen wir oft spazieren.

Seite 65: **Bewegungsaufträge**

Setze dich auf einen Stuhl, nachdem du dir ein Buch geholt hast.	Lege die linke Hand auf den Kopf, während du auf dem rechten Bein hüpfst.
Lege deinen Bleistift vor dich hin, nachdem du im Flur 5-mal gehüpft bist.	Kreise mit dem rechten Arm nach hinten und mit dem linken Arm nach vorne.
Fasse beide Hände, strecke sie vor der Brust aus, und schreibe einen großen Buchstaben in die Luft.	Hole dir ein Blatt Papier, falte es in der Mitte, schreibe deinen Namen darauf, und bringe es zu deiner besten Freundin/Freund.
Gehe 5 Schritte rückwärts, drehe dich um dich selbst, und gehe weitere 5 Schritte.	Schließe die Augen, und stelle dich auf die Zehenspitzen. Strecke die Arme aus, und zähle bis 15.
Strecke den rechten Arm aus, und schreibe eine liegende Acht in die Luft. Verfolge die Hand mit den Augen.	Setzte dich im Schneidersitz auf den Boden. Stütze die Hände neben dem Körper auf, und versuche, mit dem Kopf die Beine zu berühren.
Gehe 4 Schritte rückwärts, und hüpfe auf dem linken Bein zurück. Wiederhole die Übung auf dem rechten Bein.	Setze dich auf deinen Stuhl. Schließe die Augen, und zähle leise bis 20. Was hörst du alles in dieser Zeit? Schreibe es auf.

Seite 69: **Bewegungsgeschichte: Im Dschungel**

Wir machen heute einen Ausflug in den Dschungel.
Doch bevor wir losgehen, müssen wir noch unseren Rucksack packen und aufsetzen. Dann machen wir uns auf den Weg.

Wir laufen durch den Dschungel … Das dichte Gestrüpp schlagen wir mit unseren großen Buschmessern beiseite. Plötzlich ist da ein unheimliches Geräusch! Wir erschrecken uns und laufen schneller. Puh, wir haben Glück, das Geräusch verschwindet. Wir können langsam weitergehen.
Wir schleichen vorsichtig, damit uns die wilden Tiere nicht hören. Plötzlich stehen wir vor einer großen Schlucht. Über der Schlucht liegt ein alter Baumstamm. Wir balancieren vorsichtig darüber.

Weiter geht es durch den Dschungel … Wir kommen in ein Sumpfgebiet. Wir benutzen die Steine im Sumpf als Trittfläche, damit wir nicht versinken.
Plötzlich sehen wir neben uns ein paar Flamingos im Wasser stehen. Weil das so lustig aussieht, wie sie da auf einem Bein stehen, probieren wir es gleich mal aus. Wir heben den rechten Fuß auf Kniehöhe und strecken den rechten Arm zur Seite. Dann den linken Fuß auf Kniehöhe und den linken Arm ausstrecken.

Wir laufen weiter … Vor uns liegt ein Fluss mit vielen verzweigten Wasserarmen. Zum Glück sind sie nicht breit, und wir können bequem von Insel zu Insel springen.

Auf der anderen Seite des Flusses stehen Palmen mit Kokosnüssen. Wir schütteln an den Kokospalmen, bis die Nüsse herunterfallen.
Wir sammeln die Nüsse auf und werfen sie den anderen Kindern zu.

Langsam müssten wir doch ans Ziel kommen, denken wir uns und klettern auf einen hohen Felsen, um von dort aus besser sehen zu können.
Unter uns liegt der riesige, grüne Dschungel und direkt unter dem Felsen ein kleiner See. Wir wollen uns etwas abkühlen und springen von dem Felsen in den See. Voller Freude planschen und toben wir im Wasser.
Am Fuß des Sees finden wir den Pfad, der uns wieder aus dem Dschungel herausführt. Auf dem Heimweg beschließen wir, uns unterwegs noch etwas die Zeit zu vertreiben: Wir balancieren, klettern, verstecken uns, bis wir wieder in unserem Dorf ankommen.

Seite 74: **Erzählspur Beispieltext**

Ein Igel im Regen

Ein Igel	mit den Fingern in die Luft pieksen
geht	mit den Fingern durch die Luft gehen
durch den Regen.	Regentropfen von oben nach unten
Da sieht er	die Hand über die Stirn halten
einen zweiten Igel	2 Finger zeigen
in einer Pfütze sitzen.	eine Pfütze andeuten
Er geht zu ihm	mit den Fingern durch die Luft gehen
und begrüßt ihn.	die Hand schütteln
Der zweite Igel	2 Finger zeigen und mit den Fingern in die Luft pieksen
ist traurig.	traurig schauen
Er mag den Regen nicht.	sich umarmen, den Kopf schütteln und Regentropfen von oben nach unten andeuten
Die beiden Igel	beide Zeigefinger in die Luft strecken und mit den Fingern in die Luft pieksen
gehen gemeinsam	mit beiden Händen gehen
in den Wald	einen Baum andeuten
und verstecken sich.	Augen zuhalten

Seite 78: **Interview-Fragebogen**

Spannendes über meine Mitschüler
Interviewe für jede Frage ein anderes Kind

Fragen	**Antworten**
Welchen Traumberuf hat ______________?	
Was macht ______________ am liebsten in der Freizeit?	
Was kann ______________ besonders gut?	
Welches ist das Lieblingsfach von ______________?	
Was isst ______________ besonders gerne?	
Welches ist die Lieblingsmusik von ______________?	

Notizen